21世纪会计系列规划教材·致用型

ERP电子沙盘模拟实验教程

ERP Simulation Game

李 卓 刘 静 主 编

李 哲 付广敏 副主编

东北财经大学出版社
Dongbei University of Finance & Economics Press

大连

图书在版编目（CIP）数据

ERP电子沙盘模拟实验教程/李卓，刘静主编. —大连：东北财经大学出版社，2016.8（2021.2重印）

（21世纪会计系列规划教材·致用型）

ISBN 978-7-5654-2385-7

Ⅰ．E…　Ⅱ．①李…②刘…　Ⅲ．企业管理-计算机管理系统-高等学校-教材　Ⅳ．F270.7

中国版本图书馆CIP数据核字（2016）第155286号

东北财经大学出版社出版

（大连市黑石礁尖山街217号　邮政编码　116025）

网　　址：http：//www.dufep.cn

读者信箱：dufep@dufe.edu.cn

大连永盛印业有限公司印刷　　　　东北财经大学出版社发行

幅面尺寸：185mm×260mm　字数：287千字　印张：12.5　插页：1

2016年8月第1版　　　　　　　2021年2月第2次印刷

责任编辑：王　莹　郭海雷　　　　责任校对：吴　焕

封面设计：张智波　　　　　　　　版式设计：钟福建

定价：30.00元

教学支持　售后服务　　联系电话：（0411）84710309

版权所有　侵权必究　　举报电话：（0411）84710523

如有印装质量问题，请联系营销部：（0411）84710711

前　　言

　　高等院校经济管理类课程都具有很强的实践性，要求理论教学必须与实践相结合，但出于保守商业机密或其他原因，多数企业不愿意将场所和资料提供给学校用于实训，这使得高校经济管理类课程理论教学面临着与实践相脱节的困境。尽管案例教学法有助于摆脱这种困境，但师生还是缺少感性认识和动手机会。因此，通过开设 ERP 电子沙盘模拟实验课程，灵活运用沙盘教具模拟企业经营的全过程，可以使师生置身于模拟企业经营之中，体会市场竞争的不确定性和残酷性，加深学生对财务管理、战略管理、运营管理、营销管理等课程理论教学内容的理解，并能运用学过的专业知识为模拟企业经营献计献策。教学实践表明，ERP 电子沙盘模拟实验课程深受广大师生的欢迎，已经成为高等院校经济管理类专业的一门重要课程。

　　本书是编者在多年来从事会计学、财务管理、工商管理等专业领域的理论教学和 ERP 电子沙盘模拟实验课程教学的基础上，本着通俗易懂的原则编撰而成的。本书可作为 ERP 电子沙盘模拟实验课程教材或自学教材，也可作为实训操作用书。

　　本书共分四大部分：

　　第一篇为 ERP 电子沙盘模拟实验教学，系统介绍了 ERP 沙盘、ERP 电子沙盘模拟教学纲要及 ERP 电子沙盘模拟企业概要。

　　第二篇为 ERP 电子沙盘软件，主要介绍博浪科技有限公司提供的 ERP 电子沙盘软件及其安装和运行说明。

　　第三篇为 ERP 电子沙盘模拟过程中涉及的相关知识，主要为跨专业学习的学生简要介绍相关专业知识，其中包括模拟企业财务管理和经营、战略、决策管理。

　　第四篇为 ERP 电子沙盘操作手册，便于读者动手操作。

　　本书第一篇、第二篇由李卓编写，第三篇由李哲、付广敏编写，全书由刘静总纂、定稿。

　　本书在编写过程中参考并引用了大量的文献，使用博浪科技有限公司提供的软件和道具，得到吉林财经大学闫丹、蒋清中博士的指导和帮助。在此，向所有被引用文献的作者、向给予我们帮助的专家和学者表示诚挚的谢意。

　　由于编者水平有限，书中难免存在缺陷和疏漏，恳请专家、读者批评指正。

编　者

2016 年 5 月

目　录

第三篇　ERP电子沙盘模拟过程中涉及的相关知识

第四篇　ERP电子沙盘操作手册

第一篇

ERP 电子沙盘模拟实验教学

第一章

ERP 沙盘

第一节 沙盘简介

一、沙盘概述

"沙盘"一词,起源于战争模拟推演。根据地形、地貌或地形图、航空照片等,按一定的比例关系,用泥沙或其他材料堆制的模型就是沙盘。

用沙盘研究作战情况在我国有着悠久的历史。据说,秦在部署灭六国时,秦始皇曾通过沙盘研究各国地理状况,推演战场形势。据《后汉书·马援列传》记载,公元32年,汉光武帝征讨陇西的隗嚣,召名将马援商讨进军战略。马援对陇西一带的地理情况很熟悉,就用米堆成一个与实地地形相似的模型,从战术上做了详尽的分析。汉光武帝看后,高兴地说:"敌人尽在我的眼中了!"这是我国战争史上运用沙盘研究战术的先例。

1811年,普鲁士国王腓特烈·威廉三世的文职军事顾问冯·莱斯维茨,用胶泥制作了一个精巧的战场模型,用颜色把道路、河流、村庄和树林表示出来,用小瓷块代表军队和武器。该模型陈列在波茨坦皇宫里,用来进行军事游戏,这就是早期的仿真沙盘。

19世纪末和20世纪初,沙盘主要用于军事训练,直到第一次世界大战之后,沙盘才在战场上得到广泛运用。军事指挥员常用沙盘研究地形、阵地组成,进行兵力部署、防御部署和进攻部署等。另外,通过沙盘推演可以发现对方战略战术上的弱点,为制订作战方案、组织协同作战、实施战术演练、进行战例研究、总结作战经验等服务。如今,随着房地产业的迅速发展,建筑沙盘模型已成为区域规划、建筑设计、楼盘展示必不可少的工具之一。

随着科技的不断发展,沙盘也在与时俱进,沙盘的种类、形状、用途都发生了很大变化。目前,人们习惯上将沙盘分为实物沙盘和电子沙盘两种。实物沙盘分为立体沙盘和平面沙盘;电子沙盘分为多媒体沙盘和虚拟沙盘等。

二、立体沙盘

立体沙盘又分为简易性沙盘和永久性沙盘(如图1-1所示)。简易性沙盘是用泥沙和兵棋在场地上临时堆制的;永久性沙盘是用泡沫塑料板、石膏粉、纸浆、合金、树脂等材料制作的,能长期保存,具有立体感强、形象直观、制作简便、经济实用等特点。

图 1-1　立体沙盘

立体沙盘用途广泛，除了用于军事外，还常用于小区规划布局以及经济发展规划和大型工程建设的模型等。这些沙盘清晰地模拟了真实的地形、地貌和建筑格局，相关人员不必亲临现场，也能对所关注的位置了然于胸。

三、平面沙盘

平面沙盘多数先通过电脑设计、喷涂压模等步骤制成薄板，然后在薄板上面按事先设定规则摆放各种可移动的道具，进行演练。

1978 年瑞典皇家工学院的 Klas Mellan，首创利用平面沙盘进行仿真模拟教学和培训，此方法推出后如同军事沙盘一样迅速风靡全球，在高等院校教学和企业培训中得到广泛运用。21 世纪初期，我国用友平面沙盘（如图 1-2 所示）、博浪 ERP 电子沙盘（如图 1-3 所示）等相继问世，标志着平面沙盘和电子沙盘的国产化进程又迈进了一步。通过将沙盘搬进课堂，能够再现企业经营管理决策的全过程，给教学带来真实的感觉。

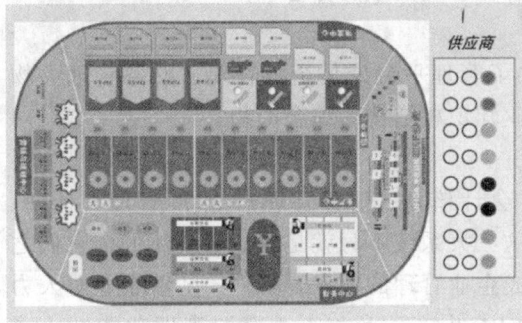
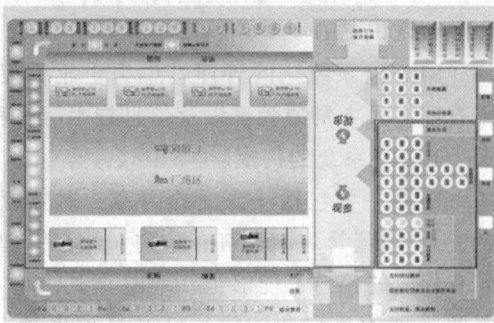

图 1-2　用友平面沙盘　　　　　　　　　　　图 1-3　博浪 ERP 电子沙盘

四、电子沙盘

近年来，制作实物沙盘的新材料、新工艺层出不穷，声、光、电（电动、遥控、电脑设计、电脑雕刻）等高新技术不断应用于沙盘制作之中。随着沙盘的内涵得到不断拓展，其制作也成为一种造型艺术，使用者从中感到身心愉悦，得到美的熏陶。

电子沙盘的种类很多，主要分为声、光、电等多媒体沙盘（如图 1-4 所示）和虚拟沙盘（如图 1-5 所示）两种。虚拟沙盘是软件系统，它的问世为沙盘应用于仿真模拟教学拓展了更加广阔的空间。

图 1-4　多媒体沙盘

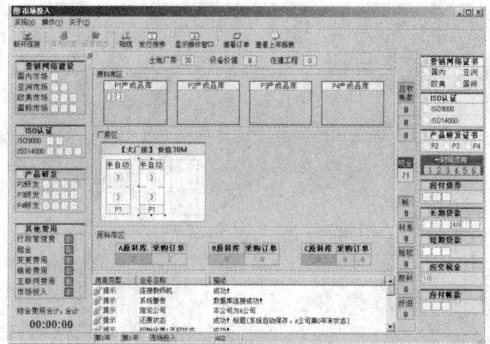

图 1-5　虚拟沙盘

第二节　ERP 沙盘简介

一、ERP 概述

ERP 是英文 enterprise resource planning 的缩写，中文意思是企业资源规划，是在先进的企业管理思想的基础上，应用信息技术以管理会计为核心将企业内部所有资源整合在一起，实现对整个企业资源的一体化管理。ERP 对采购、生产、成本、库存、销售、运输、财务、人力资源进行规划，实施最佳资源组合，从而达到提高生产效率、降低产品成本、满足客户需求、提高企业效益的目的。

ERP 是先进的现代企业管理模式，是一种崭新的管理思想。自 20 世纪 90 年代后期从美国传入以来，ERP 为我国的企业体制改革注入的新的活力，已成为现代企业管理中不可或缺的有力管理工具，是企业现代化和信息化程度的重要标志。

1. 认识 ERP

ERP 以系统化的管理思想为企业决策提供了管理平台，是企业管理、财务管理、物流管理、人力资源管理以及信息技术等多种专业知识相结合的综合产物。

2. ERP 系统的构成

ERP 主要包括三方面的内容：财务管理（会计核算、财务管理）；生产管理（计划、制造）；物流管理（销售、采购、库存管理）。这三大系统本身就是集成于一体的，它们之间有相应的接口，能够很好地整合在一起来完成企业管理的任务。另外，随着企业对人力资源管理的重视和加强，已经有越来越多的 ERP 生产厂商将人力资源管理功能纳入了 ERP 系统。

（1）财务管理模块。在企业中，清晰分明的财务管理流程是极为重要的。所以，在 ERP 整个方案中它是不可或缺的一部分。ERP 中的财务管理模块与一般的财务软件不同，作为 ERP 系统中的一部分，它和系统的其他模块有相应的接口，能够相互集成。比如，它可将由生产活动、采购活动输入的信息自动计入财务管理模块生成总账、会计报表，取消了输入凭证烦琐的过程，几乎可以完全替代以往传统的手工操作。通常情况下，ERP 系统的财务管理部分分为会计核算与财务管理两大模块。

①会计核算。会计核算主要是记录、核算、反映和分析资金在企业经营活动中的变动过程及其结果。它由总账、应收账、应付账、现金、固定资产、多币制等部分构成。

A.总账。它的功能是处理记账凭证输入、登记，输出日记账、一般明细账及总分类账，编制主要会计报表。它是整个会计核算的核心，应收账、应付账、固定资产核算、现金管理、工资核算、多币制等模块都以其为中心来互相传递信息。

B.应收账。它是指企业应收的由于商品赊欠而产生的正常客户欠款账，包括发票管理、客户管理、付款管理、账龄分析等功能。它和客户订单、发票处理业务相联系，能够将各项事件自动生成记账凭证，导入总账。

C.应付账。会计里的应付账是企业应付购货款等账，包括发票管理、供应商管理、支票管理、账龄分析等。它能够和采购模块、库存模块完全集成以替代过去烦琐的手工操作。

D.现金管理。它主要是对现金流入流出的控制以及零用现金及银行存款的核算。它包括对硬币、纸币、支票、汇票和银行存款的管理。ERP系统提供了票据维护、票据打印、付款维护、银行清单打印、付款查询、银行查询和支票查询等和现金有关的功能。此外，它还和应收账、应付账、总账等模块集成，自动生成凭证，过入总账。

E.固定资产核算。固定资产核算即完成对固定资产的增减变动以及折旧有关基金计提和分配的核算工作。它能够帮助管理者对目前固定资产的现状有所了解，并能通过该模块提供的各种方法来管理资产，同时进行相应的会计处理。它的具体功能有：登录固定资产卡片和明细账，计算折旧，编制报表，自动编制转账凭证并转入总账。它和应付账、成本、总账模块集成。

F.多币制。这是为了适应当今企业的国际化经营，对外币结算业务的要求增多而产生的。多币制将企业整个财务系统的各项功能以各种币制来表示和结算，且客户订单、库存管理及采购管理等也能使用多币制进行交易管理。多币制和应收账、应付账、总账、客户订单、采购等模块都有接口，可自动生成所需数据。

G.工资核算。自动进行企业员工的工资结算、分配、核算以及各项相关经费的计提。它能够登录工资、打印工资清单及各类汇总报表，计提各项与工资有关的费用，自动生成凭证，导入总账。这一模块是和总账、成本模块集成的。

H.成本。它依据产品结构、工作中心、工序、采购等信息进行产品的各种成本的计算，以便进行成本分析和规划。

②财务管理。财务管理的功能主要是基于会计核算的数据，再加以分析，从而进行相应的预测、管理和控制活动。它侧重于财务计划、控制、分析和预测。

财务分析：提供查询功能和通过用户定义的差异数据的图形显示进行财务绩效评估、账目分析等。

财务计划：根据前期财务分析生成下期的财务计划、预算等。

财务决策：财务管理的核心部分，中心内容是做出有关资金的决策，包括资金筹集、投放及资金管理。

（2）生产管理模块。这一部分是ERP系统的核心，它将企业的整个生产过程有机地结合在一起，使企业能够有效地降低库存，提高效率。由于各个原本分散的生产流程能够自动连接，使得生产流程能够前后连贯地进行，而不会出现生产脱节、耽误生产及交货时间的情形。生产控制管理是一个以计划为导向的先进的生产、管理方法。企业确定一个总生产计划，再经过系统层层分解后，下达到各部门去执行，即生产部门按此生产、采购部门按此采购等。

①生产计划。它是企业在一段时期内的总活动的安排，是一个稳定的计划，是根据生产计划、实际订单和对历史销售分析得来的预测产生的，是在平衡了物料和生产能力后，精确到时间、数量的详细的进度计划。

②物料需求计划。在主生产计划决定生产多少最终产品后，再根据物料清单，把整个企业要生产的产品的数量转变为所需生产的零部件的数量，并对照现有的库存量，可得到还需加工多少、采购多少零部件的最终数量。这才是整个部门真正依照的计划。

③能力需求计划。它是在得出初步的物料需求计划之后，将所有工作中心的总工作负荷与生产能力平衡后产生的详细工作计划，用以确定生成的物料需求计划是否是企业生产能力可完成的需求计划。能力需求计划是一种短期的、当前实际应用的计划。

④车间控制。这是随时间变化的动态作业计划，是将作业分配到具体车间，再进行作业排序、作业管理、作业监控。

⑤制造标准。在编制计划时需要许多生产基本信息，这些基本信息就是制造标准，包括零件代码、产品构成、工序和工作中心，它们都采用唯一的代码以便于计算机识别。

A.零件代码（物料清单）。对物料资源的管理，为每种物料分配唯一的代码。

B.产品构成。定义产品结构的技术文件，用来编制各种计划。

C.工序。描述加工步骤及制造和装配产品的操作顺序。它包含加工工序、各道工序的加工设备及所需要的额定工时和工资等级等。

D.工作中心。由相同或相似工序的设备和劳动力组成，从事生产进度安排、能力核算、成本计算的基本单位。

（3）物流管理模块。它包括销售管理、库存控制和采购管理三部分。

①销售管理。销售管理是从产品的销售计划开始，对产品、地区、客户各种信息的管理和统计，并可对销售数量、金额、利润、绩效、客户服务做出全面的分析。销售管理模块中大致有三方面的功能。

A.客户信息的管理和客户服务。它通过建立一个客户信息档案，能够对其进行分类管理，进而提供有针对性的客户服务，以达到最高效率地维护老客户、争取新客户的目的。在这里，要特别提到的就是CRM软件，即客户关系管理，ERP与它的结合必将大大改善企业的管理。

B.销售订单的管理。销售订单是ERP的入口，所有的生产计划都是根据它下达并进行排产的。销售订单的管理贯穿了产品生产的整个流程。它包括：a.客户信用审核及查询（客户信用分级，来审核订单交易）；b.产品库存查询（决定是否要延期交货、分批发货或用代用品发货等）；c.产品报价（为客户提供不同产品的报价）；d.订单输入、变更及跟踪（订单输入后的修正及跟踪分析）；e.交货期的确认及交货处理（决定交货期和发货安排）。

C.销售的统计与分析。系统首先根据销售订单的完成情况，依据各种指标做出统计，比如客户分类统计、销售代理分类统计等，然后就这些统计结果对企业实际销售效果进行评价：a.销售统计（根据销售形式、产品、代理商、地区、销售人员、金额、数量分别进行统计）；b.销售分析（包括对比目标、同期比较和订货发货分析，从数量、金额、利润及绩效等方面进行相应的分析）；c.客户服务（客户投诉记录及原因分析）。

②库存控制。库存控制是用来控制存储物料的数量，以保证稳定的物流支持正常的生

产，但又最小限度地占用资本。它是一种相关的、动态的、真实的库存控制系统。它能够结合并满足相关部门的需求，随时间变化动态地调整库存，精确地反映库存现状。这一系统的功能又包括：

A. 为所有的物料建立库存，决定何时订货采购，是采购部门采购、生产部门生产的依据。

B. 收到订购物料，经过质量检验入库，生产的产品也同样要经过检验入库。

C. 收发料的日常业务处理工作。

③采购管理。采购管理就是要确定合理的订货量，挑选优秀的供应商，保持最佳的安全储备，能够随时提供订购、验收的信息，跟踪和催促外购或委外加工的物料，保证货物及时到达。建立供应商档案，用最新的成本信息来调整库存的成本。具体包括：

A. 供应商信息查询（查询供应商的能力、信誉等）。

B. 催货（对外购或委外加工的物料进行跟催）。

C. 采购与委外加工统计（统计、建立档案、计算成本）。

D. 价格分析（分析原材料价格，调整库存成本）。

（4）人力资源管理模块。最早的 ERP 系统基本上都是以生产制造及销售过程（供应链）为中心的，因此，长期以来一直把与制造资源有关的资源作为企业的核心资源来进行管理。近年来，企业的人力资源越来越受到关注，被视为企业的资源之本。在这种情况下，人力资源管理作为一个独立的模块被加入 ERP 系统，与 ERP 中的财务、生产系统组成了一个高效的、高度集成化的企业资源系统。它与传统的人事管理有着根本的不同。

①人力资源规划的辅助决策。对企业人员、组织结构编制的多种方案进行模拟比较和运行分析，并辅之以图形的直观评估，辅助管理者做出最终决策。

制定职务模型，包括职位要求、升迁路径和培训计划，根据担任该职位员工的资格和条件，系统会提出针对员工的一系列培训建议。一旦机构改组或职位变动，系统会提出一系列的职位变动或升迁建议。

进行用工成本分析，可以对过去、现在、将来的用工成本做出分析及预测，并通过 ERP 集成环境，为企业成本分析提供依据。

②招聘管理。人才是企业最重要的资源，拥有丰富的人才储备才能保证企业持久的竞争力。招聘系统一般从以下几个方面提供支持：

A. 进行招聘过程的管理，优化招聘过程，减小工作强度。

B. 对招聘的成本进行科学管理，从而降低招聘成本。

C. 为选择聘用人员的岗位提供辅助信息，并有效地帮助企业进行人力资源的挖掘。

③工资核算。

A. 能根据公司跨地区、跨部门、跨工种的不同薪资结构及处理流程制定与之相适应的薪资核算方法。

B. 与时间管理直接集成，能够及时更新，对员工的薪资核算动态化。

C. 回算功能。通过和其他模块的集成，自动根据要求调整薪资结构及数据。

④工时管理。

A. 根据本国或当地的日历，安排企业的运作时间以及劳动力的作息时间表。

B. 运用远端考勤系统，可以将员工的实际出勤状况记录到主系统中，并把与员工薪资、奖金有关的时间数据导入薪资系统和成本核算中。

⑤差旅核算。系统能够自动控制从差旅申请、差旅批准到差旅报销整个流程，并通过集成环境将核算数据导入财务成本核算模块。

3. 借助 ERP 制胜

ERP 是将企业物资资源、人力资源、财务资源、信息资源集成一体化的管理软件，是管理者解决企业管理问题的一个工具。ERP 本身不是管理，不能取代管理者解决企业的管理问题。但是，ERP 可促进企业管理模式的转变，提升管理者的经营能力。

（1）企业管理模式的转变。在我国加入 WTO 之前，企业只要保证产品质量好、成本低，就能够拥有生存和发展的空间。如今，质量好和成本低只能是企业生存的基本前提，现代企业想要发展并求得更好的获利空间，就要转变传统的企业管理模式，加强信息化建设和提供优质的售后服务，对市场需求尤其是个性化需求做出快速反应和反馈。

ERP 是企业信息化建设中的重要一环，它的实施关系到企业内部管理模式的调整、业务流程的变化及大量人员的变动，没有企业领导的参与很难付诸实践，没有全体员工的参与也是不可能成功的。无论是企业的决策者、管理者还是普通员工，都要掌握计算机技术、通信技术，并将之运用到现代企业的管理中去，实现企业数据规范化、信息集成和共享。

（2）企业经营能力的提升。ERP 是一个企业的管理工具，也是一个引导管理思想变革的工具。如果企业能真正地把 ERP 融入管理工作之中，改变管理方式，那么就会赢得竞争优势，提升市场营销能力、研发能力、采购与库存管理能力，从而降低生产成本，全面提升企业的经营能力。

二、ERP 沙盘概述

ERP 沙盘是针对代表先进的现代企业经营与管理技术而设计的角色体验的实验平台。以博浪 ERP 沙盘为例，ERP 沙盘主要包括实物沙盘和虚拟沙盘两部分。

1. 博浪 ERP 实物沙盘

博浪 ERP 实物沙盘是由盘面、厂房、生产线、钱币、各种标牌等辅助教具和配套软件、配套课件、配套教材等部分构成的一个完整的教学实验系统。

（1）实物沙盘的盘面。博浪实物沙盘的盘面象征着一个企业的基本状况，相当于企业的现实表现形式。企业日常经营活动和经营结果都可以在盘面上通过"道具"表现出来（如图 1-6 所示）。

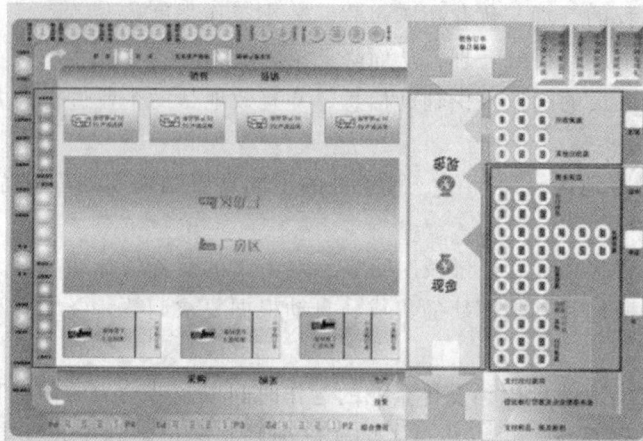

图 1-6　博浪实物沙盘盘面

（2）两种类型厂房、三种类型生产线、四种类型产品标签（如图1-7所示）。

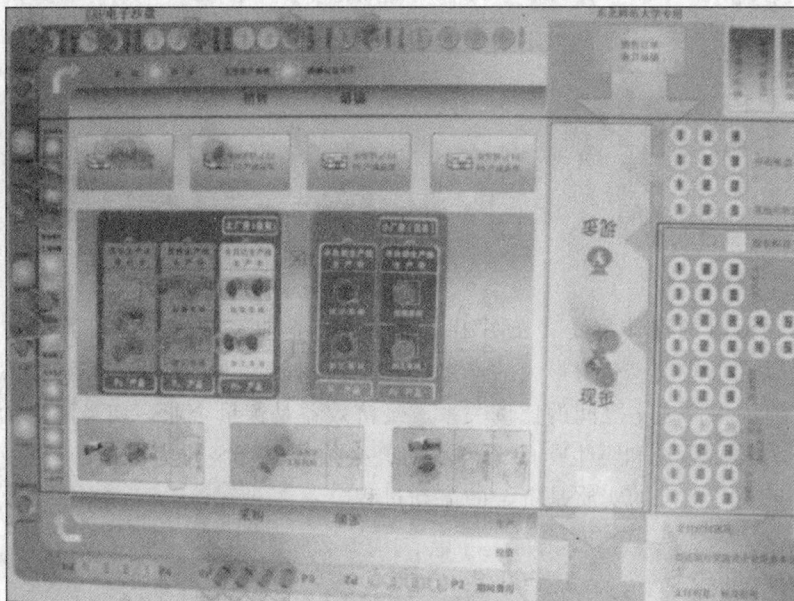

图1-7 厂房、生产线等道具

（3）代表价值的塑料币。每个灰色塑料币代表价值一百万元（1M）；彩色塑料币代表原材料，每个币代表价值一百万元（1M），如图1-8所示。

图1-8 塑料币

（4）配套课件（PPT）。博浪实物沙盘课件共分七个部分，由200余幅动画组成。博浪实物沙盘课件具有创意新颖、制作精细、静动结合、形象逼真等特点，是指导教师讲授电子沙盘操作规则的最佳选择和必备工具（如图1-9所示）。

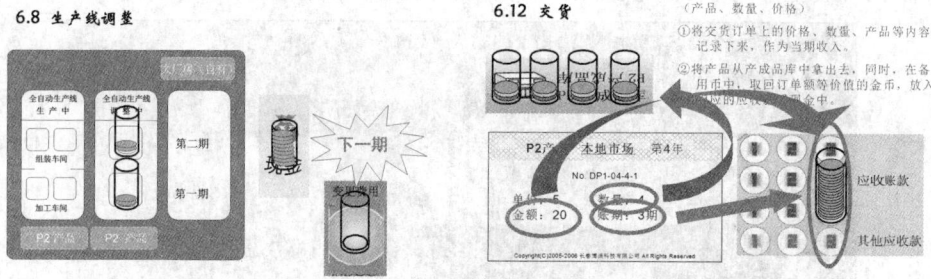

图 1-9　博浪实物沙盘课件

（5）实物沙盘的设计主线（如图 1-10 所示）。企业经营的终极目的是获取最大的经济效益，即以最小的投入获得最大的产出，实现利润最大化。因此，经济效益反映的是企业的生产总值同生产成本之间的比例关系。经济效益是衡量企业一切经济活动的最终综合指标。而作为物质生产和再生产的经济活动，必须依靠资金作为保证。从这一意义上讲，企业进行生产经营活动的实质是资金的流动过程。

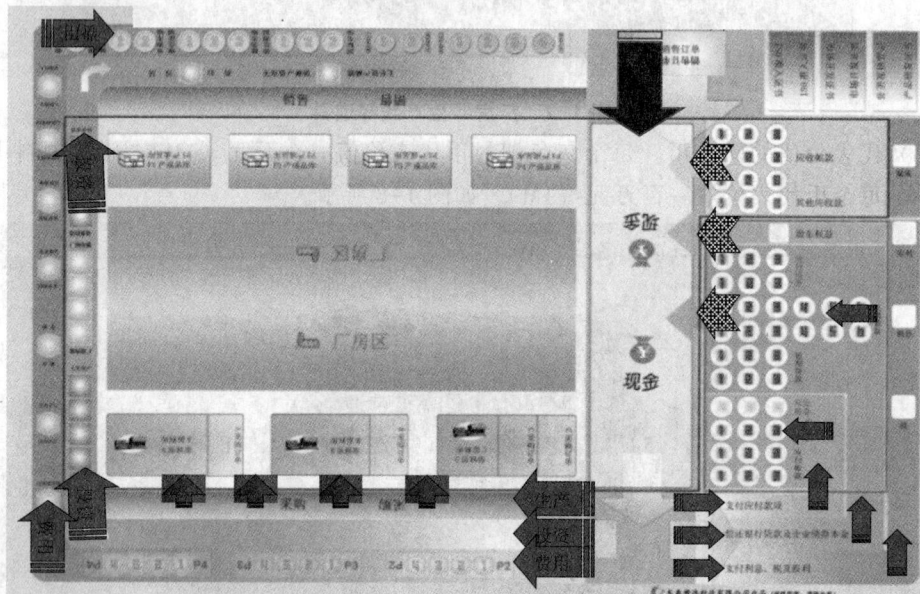

图 1-10　博浪实物沙盘设计主线

博浪实物沙盘的盘面围绕企业资金流动，进行了精心设计和合理布局。随着企业再生产过程的推进，企业的资金总是处于不断流动之中。企业资金的流动是借助资金的筹集、投放使用、耗费、收回和分配等财务活动来实现的。

根据这一原理，博浪实物沙盘的盘面分为资产和负债两大部类。以资金流动为主线，展示出资金的筹集、投放使用、耗费、收回和分配，展现企业如何完成资金的转化和循环。

（6）实物沙盘的盘面结构（如图 1-11 所示）。博浪实物沙盘盘面的右边为负债部类——资金来源，以权益资本、债务资本等为主线，进行资金运作；左边为资产部类——资金占用，以货币资金、往来资金、储备资金、生产资金等为主线，进行资金运作；周边为企业资金运动的各种经济关系——各个经营环节之间的经济联系和经营过程。

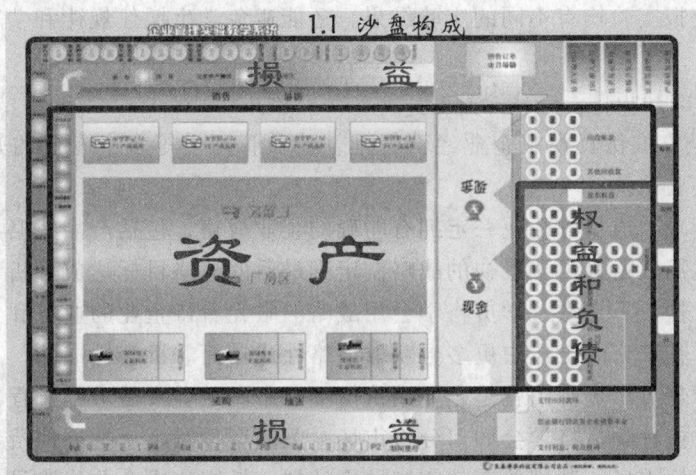

图 1-11 博浪实物沙盘盘面结构

实物沙盘两大部类的资金运动，分别贯穿于企业经营的各个环节，形象地展示出企业的经营状况。综观实物沙盘的布局和结构，学生能够对企业经营过程一目了然，如同身临其境。

2. 博浪 ERP 虚拟沙盘

ERP 虚拟沙盘即沙盘软件（如图 1-12 所示），它完全继承了 ERP 实物沙盘直观形象的特点，可与实物沙盘配合使用，也可单独使用。

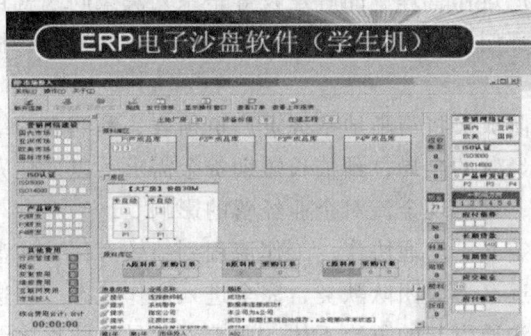

图 1-12 博浪 ERP 电子沙盘

ERP 虚拟沙盘利用计算机软件实现模拟实验数据存取、时间控制、规则监控、自动发放订单、报表自动生成等功能，明显改善纯手工沙盘实验中存在的实验进度不好把握、实验规则不易监控、指导教师的工作量大、实验室资源在某个时段需独占、发放订单烦琐且易出错等弊病。

ERP 虚拟沙盘采用图形化界面表现企业的厂房、仓库、车间等要素，界面友好，易于操作，教师和学生能够集中精力在点评和企业的决策上。通过软件的数据存取机制，既可以保存整个实验状态，实现实验室资源的共享，又能使每个公司的经营决策有选择和检验的机会，从而得出较优的决策方案。

ERP 沙盘软件的市场模型能在一定范围内（根据数学模型生成，并经过多轮实验测试验证了合理性）依据虚拟公司的数量随机生成，教师可随时对生成的数据做出调整，来保证每轮沙盘模拟实验均有不同的实验结果，还能避免学生抓住规律和"套路"导致的模拟经营的雷同。

3.ERP沙盘的知识体系

ERP沙盘全方位仿真模拟企业经营管理，涉及管理学等多个专业的知识，属于综合性的仿真模拟实验系统。

（1）战略管理。成功的企业一定拥有明确的企业战略，包括产品战略、市场战略、竞争战略及资金运用战略等。从最初的战略制定到最后的战略目标达成分析，经过几年的模拟，经历迷茫、挫折、探索，学员将学会用战略的眼光看待企业的业务和经营，保证业务与战略的一致，在未来的工作中更多地获取战略性成功而非机会性成功。

（2）营销管理。市场营销就是企业用价值不断来满足客户需求的过程。模拟企业在经营中的竞争和对抗，学员将学会如何分析市场、关注竞争对手、把握消费者需求、制定营销战略、定位目标市场，制订并有效实施销售计划，最终达成企业战略目标。

（3）物流管理。物流业作为国民经济中新兴的产业部门，将成为21世纪一个重要产业和国民经济新的增长点。引进和发展现代物流理论和技术，培养现代物流经营管理的高级人才，已成为当务之急。过去，商品从生产到销售要经过好几级批发商，加上运输、管理、仓储，使得产品层层加价，提高了成本。当前，网上购物足不出户，大大减少了中间环节，降低了产品成本。

（4）生产管理。在沙盘模拟过程中，企业的采购管理、生产管理、质量管理统一纳入生产管理领域，新产品研发、物资采购、生产运作管理、品牌建设等一系列决策问题就自然地呈现在团队成员面前，它跨越了专业和部门壁垒。团队成员将充分运用所学知识，积极思考，在成功与失败中获取新知。

（5）财务管理。在沙盘模拟过程中，团队成员将清晰地掌握资产负债表、利润表的结构；掌握资本流转如何影响损益；解读企业经营的全局；预估长短期资金需求，以最佳方式筹资，控制融资成本，提高资金使用效率；理解现金流对企业经营的影响。

（6）人力资源管理。从岗位分工、职位定义、沟通协作、工作流程到绩效考评，沙盘模拟中每个团队经过初期组建、短暂磨合，逐渐形成团队默契，完全进入协作状态。在这个过程中，各自为战导致的效率低下、无效沟通引起的争论不休、职责不清导致的秩序混乱等情况，可以使团队成员深刻地理解局部最优不等于总体最优的道理，学会换位思考，明确只有在组织的全体成员树立共同愿景、面对共同的绩效目标、遵守相应工作规范、彼此信任和支持的氛围下，企业才能取得成功。

（7）信息管理。企业信息系统如同飞行器上的仪表盘，团队成员能够时刻跟踪企业运行状况，对企业业务运行过程进行控制和监督。通过沙盘信息化体验，团队成员可以感受到企业信息化的实施过程及关键点，从而合理规划企业信息管理系统，为企业信息化做好观念和能力上的铺垫。

第三节 ERP电子沙盘的应用

ERP电子沙盘将企业搬进课堂，通过学生参与—沙盘载体—模拟经营—对抗演练—教师评析—学生感悟等一系列的教学环节，将理论与实践融为一体、角色扮演与岗位体验融于一身，使受训者在分析市场、制定战略、策划营销、组织生产、管理财务等一系列活动中学习经济理论知识，具有明显的寓教于乐特点，是一种全新的教学模式。

ERP沙盘模拟教学不同于传统的课堂灌输授课方式，通过运用独特直观的教具，模拟企业真实的内部经营环境与外部竞争环境，结合角色扮演、情景模拟、教师点评，使学生在虚拟的市场竞争环境中体验数年的企业经营管理过程，运筹帷幄，决战商场。ERP沙盘模拟培训一经推出，就因其独特新颖的培训模式、深刻实用的教学效果受到中外高校的青睐和广大师生的喜爱。

第一，使用ERP沙盘进行模拟实验教学，学生身临其境，体验企业间的竞争与挑战。各虚拟公司管理层将依据市场信息决定自己的定位和市场策略：何时投资新产品？何时进入目标市场？如何扩展生产能力，使之与市场策略相适应？如何融资？如何平衡资金？等等。

第二，使用ERP沙盘进行模拟实验教学，学生能切身体验企业经营中出现的各种典型问题。如必须和团队一起去发现机遇，分析问题，制定决策并组织实施。团队的决策或许成功，或许失败。学生就是在这种成功与失败的体验中学习管理知识，掌握管理技巧，感悟管理真谛。

第三，使用ERP沙盘进行模拟实验教学，学生在模拟操作中，若失败或破产，则可带着问题听取指导教师进行分析讲解，总结并吸取教训。然后改进经营策略，再次以新的思路进行模拟实验。这种发现并改正错误，提高自己，又不使公司蒙受任何实际损失的演练，是极为理想的培训手段。

第四，使用ERP沙盘进行模拟实验教学，突破了传统课程的局限性，让学生通过模拟企业运行状况，在制定战略、分析市场、组织生产、整体营销和财务结算等一系列活动中体会企业经营运作的全过程，认识到企业资源的有限性，在各种决策的成功和失败的体验中，学习、巩固和融会贯通各种管理知识，掌握管理技巧，从而深刻理解ERP的管理思想，领悟科学的管理规律，提升管理能力。

第五，使用ERP沙盘进行模拟实验教学，每个小组都拥有相同的资金、设备和其他固定资产。通过用现金为企业打广告，从市场上赢得订单，用现金购买原材料和新生产线，投入生产，完工交货，从客户手中获得现金，用现金开发新的产品和新的市场，用现金支付员工工资、税收等。当资金短缺时可向银行申请贷款或变卖固定资产。经过指定年限的经营，最终根据每个企业的所有者权益多少评出优胜企业，进而激发学生的创新意识和竞争精神。

第二章

ERP 电子沙盘模拟教学纲要

第一节　ERP 电子沙盘模拟教学课程

高等院校管理学科的学生，通过书本学到的企业经营管理方面的知识是间接的、典型的经验。在实际工作中，企业经营管理如同战场，没有一成不变的法则，成功者有成功的奥秘，失败者有失败的原因。只有经过实战的磨炼，才能逐渐领会企业经营管理的精髓和成功的奥秘。那么，在校学习期间如何能体验到成功的奥秘和失败的教训呢？ERP 电子沙盘模拟实验不失为一个很好的体验工具。

ERP 电子沙盘模拟实验课程教学，将企业主要部门和工作对象制作成类似的虚拟软件和实物模型，融入市场变量，结合角色扮演、模拟经营、对抗演练、教师点评、学生感悟等实验环节，使学生在虚拟的市场竞争环境中体会企业的经营管理过程。

一、组织准备工作

在 ERP 电子沙盘模拟实验课程中，将参加学习的学生划分成 10 个小组，每组 4~5 人，每个小组即为一个虚拟的"企业"，掌管着 1 亿元资产。在这个企业中要有明确分工，每个小组成员分别担任企业的重要职位：总经理、财务部经理、生产部经理、市场部（销售）经理、研发部经理等。当人数较多时，还可以适当增加商业间谍、财务助理等辅助角色。在模拟经营过程中，可以进行角色互换，从而体验角色转换后考虑问题的出发点的相应变化，也就是学会换位思考。

每个虚拟企业面对的都是相同的待研发的产品及尚未开拓的市场，10 年的经营时间，一年一次的市场招标会，以及在同一起跑线上的其他竞争对手。在这 10 年中，每个小组根据市场需求预测和竞争对手的动向，决定本企业的产品、市场、销售、融资和生产方面的长、中、短期策略。每个模拟年度经营 2—4 期，年末用会计报表结算经营结果，通过各组横向比较、纵向分析、年度讲评等环节，制订改进方案，继续下一年度经营。

二、基本情况描述

对企业经营者来说，接手一个企业时，需要对企业有一个基本的了解，包括股东期望、企业目前的财务状况、市场占有率、产品、生产设施、盈利能力等。基本情况描述以企业起始年的两张主要财务报表（资产负债表和利润表）为基本索引，逐项描述了企业目前的财务状况和经营成果，并对其他相关方面进行补充说明。

三、市场规则与企业运营规则

在一个开放的市场环境中，企业之间的竞争需要遵循一定的规则。这些规则可以简化为以下八个方面的约定：

(1) 市场划分与市场准入。

(2) 销售会议与订单争取。

(3) 厂房购买、出售与租赁。

(4) 生产线购买、转产与维修、出售。

(5) 产品生产和原材料采购。

(6) 产品研发与质量、管理体系认证。

(7) 融资贷款与贴现。

(8) 综合费用与折旧、税金。

四、初始状态

ERP 电子沙盘模拟不是从创建企业开始的，而是接手一个已经运营了 3 年的企业。虽然我们已经从基本情况描述中获得了企业运营的基本信息，但还需要把这些枯燥的数字完整地再现到沙盘盘面上，为下一步的企业运营做好铺垫。通过初始状态设定，可以使学员深刻地感受到财务数据与企业业务的直接相关性，理解财务数据是对企业运营情况的一种总结和提炼，为今后"透过财务看经营"做好观念上的准备。

五、企业经营竞争模拟

企业经营竞争模拟是 ERP 沙盘模拟的主体部分，按企业经营年度展开。经营伊始，通过发布市场预测资料，对不同市场中每个产品的总体需求量、单价、发展趋势做出有效预测。每一个企业组织在市场预测的基础上讨论企业战略和业务策略，在 CEO 的领导下按一定程序开展经营，对所有重要事项的经营做出决策，决策的结果会在企业经营结果中得到直接体现。

六、现场案例解析

现场案例解析是沙盘模拟课程的精华所在。每一年经营结束，企业管理者都要对经营结果进行深刻反思。成在哪里？败在哪里？竞争对手情况如何？是否需要对企业战略进行调整？结合课堂整体情况，对现场出现的典型案例进行深层剖析，用数字说话，可以让学员感悟管理知识与管理实践之间的距离。

第二节　ERP 电子沙盘模拟教学的目的

ERP 电子沙盘模拟实验课程的每一个环节都来源于企业经营活动的真实提炼和精心设计，将企业的主要部门和工作对象制作成模拟教具和仿真软件，将企业运行过程设计为实验规则，由学生组成公司进行模拟运作。在仿真、直观的模拟市场环境中，学生综合运用各种管理知识和技能，发挥团队的协作精神，领导企业和部门在与众多竞争对手的激烈角逐中，获取最大的经济效益和市场份额。

一、培养学生的动手能力

ERP 电子沙盘模拟课程教学的最大特点是培养学生的动手能力。

(1) 让学生在校学习期间就能亲身体验企业物流、资金流、信息流以及人力资源等经营管理决策的完整流程，从而使学生认识和理解企业资金管理的重要性，了解企业财务管理流程，融资能力、投资能力、资产回报率、权益回报率等因素对绩效考核的作用；使学生熟悉和掌握企业经营决策的基本方法，在接受订单、原材料采购、组织生产、库存管理、产品销售等流程中，找准市场切入点、合理投资，并体验信息流在决策中的作用。

（2）让学生在校学习期间就能亲身感悟企业经营管理决策的全过程，使学生能够切身体验现代企业各个部门的职能及部门之间的关系，不仅帮助学生加深对管理学科相关知识的理解，还有助于学生的协作能力的培养。

（3）让学生在校学习期间就能体会到市场竞争的残酷、战略决策的精妙以及运作过程的细腻，熟悉资金运动之规律，掌握经营决策之技巧，体验团队合作之重要。通过 ERP 电子沙盘模拟企业经营管理的全过程，不仅能够让学生理论联系实际，还能提高学生的综合素质。

二、激发学生的创新精神

在 ERP 电子沙盘模拟实验课程教学中，学生经历了一个从理论到实践再到理论的提升过程，把自己亲身经历的宝贵实践经验转化为全面的理论模型，实现从感性到理性的飞跃。学生借助 ERP 电子沙盘推演自己的企业经营管理思路，每一次基于现场的案例分析及基于模拟经营的数据分析，都会使学生受益匪浅，提升决策能力及长期规划能力，从而激发了学生的创新意识和创新精神。

三、提高学生的综合素质

ERP 电子沙盘模拟实验作为企业经营管理仿真教学系统，还可以用于综合素质培训，使学生在以下方面有所获益：

1. 树立共赢理念

市场竞争是激烈的，也是不可避免的，但竞争并不意味着你死我活，寻求与合作伙伴之间的双赢、共赢才是企业发展的长久之道。这就要求企业知彼知己，在市场分析上做足文章，在竞争中寻求合作，企业才会有无限的发展机遇。

2. 全局观念与团队合作

通过 ERP 沙盘模拟实验课程的学习，学员可以深刻体会到团队协作精神的重要性。在企业这样一艘大船上，CEO 是舵手、财务总监保驾护航、营销总监冲锋陷阵……在这里，每一个角色都要以企业总体最优为出发点，各司其职，相互协作，才能赢得竞争，实现目标。

3. 保持诚信

诚信是一个企业立足之本，发展之本。诚信原则在 ERP 沙盘模拟课程中体现为对"游戏规则"的遵守，如市场竞争规则、产能计算规则、生产设备购置以及转产等具体业务的处理。保持诚信是学员立足社会、发展自我的基本素质。

4. 个性与职业定位

个体因为拥有不同的个性而存在，这种个性在 ERP 沙盘模拟对抗中会显露无遗。在分组对抗中，有的小组轰轰烈烈，有的小组稳扎稳打，还有的小组则不知所措。虽然，个性特点与胜任角色有一定关联度，但在现实生活中，很多人并不是因为"爱一行"才"干一行"的，更多的情况是需要大家"干一行"就"爱一行"的。

5. 感悟人生

在市场的残酷与企业经营风险面前，是"轻言放弃"还是"坚持到底"，这不仅是一个企业可能面临的问题，更是人生中经常需要抉择的问题，经营自己的人生与经营一个企业具有一定的相通性。

第三节 ERP 电子沙盘模拟教学的方法

ERP电子沙盘模拟实验教学，将企业经营的主要流程微缩在整张沙盘上：企业的物流，即下原材料订单、原材料入库、组织生产、接订单销售；企业的资金流，即现金、贷款、应收账款、人工成本、设备维修、固定资产折旧等制造费用支出，广告投入、市场开拓、产品研发、ISO认证等管理费用支出等；企业的信息流，即市场预测分析、竞争环境、竞争对手经营情况分析等。

在ERP电子沙盘模拟实验教学中，4~5位学生分为一个小组，每个小组代表一个企业。每个企业的主要职能定位分别为：公司总裁（CEO），负责企业长期经营战略决策，制定每年经营规划，分配成员角色，协调团队沟通合作等；财务总监（CFO），负责企业资金筹措，资金运用，费用成本控制，现金流管理，财务核算等；生产总监，负责企业生产战略制定，编制和执行生产计划、设备更新计划等；采购总监，负责采购计划制订和执行，企业内部物流控制等；营销总监，负责企业营销战略、新市场开拓规划、新产品研发计划、广告投放策略制定和执行等。

一、授课方法的创新

ERP电子沙盘模拟实验教学首创了"六维教学法"，在模拟实验中得到了应用。六维教学法，即"观、思、论、行、听、复"。

观：观看实验模型的布局和结构，学生对企业经营全过程一目了然，仿佛置身于企业经营活动现场。

思：实验中会遇到企业实际经营的各种典型问题，学生通过思考，从中找到归纳问题、分析问题和解决问题的方法。

论：学生就各自的实验方案进行比较，通过辩论和求证，互相启发，取长补短，反复优选，优胜劣汰，形成最佳方案并做出最佳经营决策。

行：学生通过在沙盘上进行具体操作来实施各项决策，以其实际行为完成企业一个经营周期包括年度的经营活动，由此达到了"思而后动，论而后行"的目的。

听：学生听教师点评企业经营的思路、方法和关键要素，加强对经营本质的认识，进入更深层面的思考。

复：学生在一个经营周期或本年度经营的成功和失败体验中，将会学习到管理知识，掌握管理技巧，感悟管理真谛，并运用到"下一轮"的经营当中。如此循环往复，不断进取，来提高学生的"管理"才能和"经营"水平。

"六维教学法"，变艰涩难懂、枯燥乏味、以讲为主的传统教学方法为全方位、立体多维的教学法。"六维教学法"成功地解决了学做结合（调动思维）和学教结合（师生互动）的实验教学难点。"六维教学法"，通过完整生动的感官刺激，加深了学生对知识的理解，将给学生打上永久的知识烙印。

1.理论联系实际

ERP沙盘仿真模拟实验教学将整个企业经营的全过程"移植"到实验室的课堂上，

是一个崭新的实验模式。以往学生虽能完成作业，认真地参加考试，甚至获得高分成绩，但企业实际经营的各个环节和全过程在其头脑中仍处于混沌状态，模糊不清，这也是教学中理论脱离实际的典型反映。

在实验中，学生看得见，摸得着，极具现场感、实战感、参与感和竞争感。强烈的实战冲动和参战激情，使他们得到极大的知识满足，感到所学知识一下子找到了用武之地。

通过模拟实验，传统的课后作业和考试转化为实践能力，实现了从学生到"企业主人"角色的转换，将学生融入"市场经济大潮"之中，使其得到实战锻炼机会。

2. 知识融会贯通

ERP沙盘仿真模拟实验教学的项目包括企业经营决策、财务管理、人力资源管理等。实验项目不同，侧重点各不相同，实验内容涉及ERP原理与应用、会计、财务管理、生产与运作管理、市场营销、人力资源管理等多门课程。

ERP沙盘仿真模拟实验教学把经济、管理类相关多个专业的课程实验有机地结合在一起，突破了以往企业管理课程的实验内容难以设计的困境。通过实验教学的推进，能够将学生学习的专业知识融会贯通。

3. 模拟教学意义

ERP沙盘仿真模拟实验教学是一种全新的管理人才培养模式，它以互动的教学方式使学生置身于商业环境之中，培养他们的竞争意识，激发他们的管理才能。这种教学方式模拟企业实战，使学生在较短的时间里接触企业经营中经常遇到的各种典型问题，促使他们去分析问题，发现机遇，制定决策并组织实施。

ERP沙盘仿真模拟实验教学能够极大地激发学生学习的积极性，提高学习效率，激发潜能，充分体现"学生学为主，教师教为辅"的全新教学方式。

ERP沙盘仿真模拟实验教学能够加深学生对企业资源规划重要意义的理解，将复杂、抽象的经营管理理论以最直观的方式展现给学生，培养学生的实践能力，使学生成为既懂理论又有经验的复合型人才。

二、学习方法的创新

ERP沙盘仿真模拟实验教学不但要求教师要深入研究教学方法，而且要求学生要由过去的被动型学习转变为研究型学习。

1. 研究型的学习模式

没有实践的教学，只能是教师讲、学生记，学生很少去思考和研究问题，学习总是处于被动地位。ERP沙盘仿真模拟实验教学则完全打破了过去被动的学习局面。学生通过思考和研究问题，形成了变被动学习为主动和创造性学习的独具特色的研究型学习模式。研究型学习模式，实现了由书本教育转变为学生进行研究能力教育，从偏重知识型教育转变为学生进行独立思考、发挥创造性的教育。

2. 研究型的学习环境

通过实验，能够让学生在掌握知识、学习技能、激发兴趣的过程中，提高提问意识、探究意识和创新意识。通过实验，营造了研究和求索的学习环境，这种学习环境强化了学生学习的针对性和目的性。他们带着企业经营中的问题，在空间和时间上将自己置身于浓厚的学习研究氛围，在充满自主性与创造性的时空中，体会到学习的快乐和获得实践能力的喜悦。

3.研究型的学习热情

实验中的这种边研究、边创造的学习方法，凸显了学生的主体地位。随着实验活动的不断展开和体验不断深化，学生步步贴近企业，想企业之所想，急企业之所急，研究的热情一发不可收。另外，在研究中形成的新的经营方案不断被吸收采纳，更增强了他们的信心和独立工作的能力。

4.研究型的求知态度

在实验过程中，个人的思考和追求与集体的智慧和决策完全融入企业的经营活动之中。学生追求真理，追求完美，追求卓越的精神，追求团队协作的态度，在企业的经营活动中不断得到升华。在实验中追求，在追求中实验。学生强烈的求知欲望一次次化作自己研究和探求的成果，使他们养成了良好的研究问题习惯，砥砺了追求真理的求知态度。

三、培训方法的创新

军事沙盘推演跨越了通过实战检验与培养高级将领的巨大成本障碍和时空限制，得到世界各国的普遍运用。同样，ERP沙盘仿真模拟实验教学也跨越了企业在培养优秀管理人才所面临培训成本高昂的障碍。

ERP沙盘模拟培训不同于传统的授课培训方式，通过运用直观的教具，模拟企业真实的内部经营环境与外部竞争环境，结合角色扮演、教师点评，使学生在虚拟的市场竞争环境中，真实经历数年的企业经营管理过程。ERP沙盘模拟培训一经推出，就以独特新颖的培训模式、高效实用的培训效果受到中外企业、高等院校的青睐。目前，ERP沙盘模拟培训已经成为世界500强企业的中高层管理人员培训的首选课程。在培训过程中，学员还可以学习到战略管理、营销管理、生产管理、财务管理、人力资源管理、信息管理等专业方面的知识。

第四节　ERP电子沙盘模拟教学的特色

一、生动有趣

管理课程一般都以"理论+案例"为主，比较枯燥而且很难把这些理论迅速掌握并应用到实际工作中。而ERP沙盘仿真模拟实验课程增强了娱乐性，使枯燥的课程变得生动有趣，容易激发参与者的竞争热情。

二、团队合作

ERP沙盘仿真模拟实验的授课过程是互动的，当参与者对游戏过程中产生的不同观点进行分析时，需要不停地进行对话。除了学习商业规则和财务语言外，参与者还需要特别注重沟通技能，学会如何以团队的方式开展工作。

三、体验实战

ERP沙盘仿真模拟实验课程是让学生通过"做"来"学"。参与者能切身体会深奥的商业思想——他们看到并触摸到商业运作的方式。体验式学习使学生学会收集信息并在将来应用于实践。

1.剥开经营理念的复杂外表，直探经营本质

企业的组织结构和管理运营过程在模拟板上一目了然，它将复杂、抽象的经营管理理论以最直观的方式展现出来。完整生动的视觉感受将极为有效地激发学生的学习兴趣。

2.把平日学习中尚存的疑问带到课程中印证

在4天的课程中模拟10年的企业全面经营管理，学生有充分的自由来尝试企业经营的重大决策，并且能够直接看到结果。

对于不同的人来说，一份完整的信息由于接收方式不同，对其理解情况是有区别的（见表2-1）。

表2-1　　　　　　　　　　　**信息接收情况表**

信息接收方式	信息接收率
读	10%
听	20%
做	70%

由表2-1可见，在接受新事物的过程中，实际动手操作时的收获是最大的。ERP沙盘仿真模拟实验就是以"现场经历"的方式来提升学习效果。它不同于传统的灌输式授课方式，而是一种看得见、摸得着学习方法，是一个体验式的互动学习过程。通过授课教师的指导，学生自己学会了如何分析外部环境、如何分析市场和产品、如何核算成本、如何提高自身竞争力等。总结起来，ERP沙盘仿真模拟实验课程具有极强的体验性、互动性、实战性、竞争性、综合性、有效性等特点。

四、模拟局限

ERP沙盘仿真模拟实验课程再逼真也逃脱不了"模拟"二字，本课程只能说是一门非常接近于现实而富有针对性的培训。商场如战场，瞬息万变，在现实生活中有着更加错综复杂且难以预料的突发事件。只有在模拟学习的基础上，积累更多的实战经验，不断充实丰富自己，才能在实际工作中游刃有余。

第三章

ERP电子沙盘模拟企业概要

第一节 模拟企业介绍

一、企业与公司

企业是依法设立、以经营为目的、从事商品生产或服务的独立核算的经济组织。

公司（有限责任公司和股份有限责任公司）是依法设立，以营利为目的，独立承担民事责任的从事生产或服务性业务的经济组织。

因此，公司与企业是种属关系，凡公司均为企业，但企业未必都是公司。公司只是企业的一种组织形态。

二、模拟企业背景

我们模拟经营的是一家制造类企业（公司），由于上一届管理层经营保守，他们在残酷的市场竞争中没能带领企业发展壮大。目前，该企业已经步入了危险的边缘，企业总资产100M（Million——百万，下同），负债40M；企业只拥有本地市场和P1产品的生产技术。董事会为改变现状，决定重组企业管理团队，现高薪聘请你们分别担任企业的总经理、财务经理、营销经理、生产经理、研发（信息）经理等职务。

在模拟的初始阶段，你们所领导的企业将面临相同的市场环境、产品、资产、市场信息来源（该信息含有3年的产品和市场方面的预测）。企业各部门要通力合作，按照市场预测制定企业长远目标，确定企业主打产品和目标市场，争取在未来的10个模拟年度中将利润做到最大。

三、模拟企业的经营状况

虚拟企业长期以来一直从事P（Product——产品）系列产品的生产与经营，P系列产品包括P1、P2、P3和P4。其中，P1产品技术含量较低，P2产品是P1产品的技术改进版，P3产品和P4产品为全新技术，市场潜力巨大。

P1产品在本地市场的知名度较高，客户对该产品较为满意。然而，目前市场上有A、B、C、D、E、F6家企业都生产P1产品，本地市场竞争日益激烈，P1产品的市场份额逐渐减少，P2产品的需求量会进一步增加。随着社会的发展和技术的进步，P3产品和P4产品的社会需求量和价格上涨空间潜力巨大。

为了保持本地市场份额，并进一步开拓国内和国际市场，该企业需要开发P系列新产品。

四、模拟企业财务状况

学生将接手经营的模拟企业总资产为100M（1亿元），其中流动资产60M、固定资产40M，负债42M，所有者权益58M。详见资产负债表（见表3-1）和利润表（见表3-2）。

表3-1

资产负债表

起始年

M（百万）

资产	金额（M）		负债和所有者权益（或股东权益）	金额（M）	
	上年	起始年		上年	起始年
流动资产：			流动负债：		
库存现金	20		短期借款	0	
应收账款	14		应付账款	0	
其他应收款	0		其他应付款	0	
原材料	2		应交税费	2	
在产品	12		流动负债合计	2	
产成品	12		长期负债：		
流动资产合计	60		长期借款	40	
非流动资产：			企业无抵押债券	0	
			长期负债合计	40	
土地和厂房	30		负债合计	42	
在建工程	0		所有者权益：		
机器设备	10		实收资本	45	
固定资产合计	40		留存收益	9	
无形资产及其他资产：			本年净利	4	
无形资产	0		所有者权益合计	58	
资产总计	100		负债和所有者权益总计	100	

表3-2

利润表

项目	金额（M）	
	上年	起始年
销售收入	36	
减：直接成本	14	
毛利	22	
减：期间费用	9	
折旧前利润	13	
减：折旧与摊销	5	
支付利息前利润	8	
加：财务收入减：支出	2	
加：额外收入减：支出	0	
税前利润	6	
减：税金	2	
净利润	4	

1.流动资产

流动资产包括库存现金、应收账款、存货等。该模拟企业现有流动资产 60M。其中，模拟企业初始年库存现金 20M；应收账款 14M，账期 3Q（季度）；原材料 2M、在产品 12M、产成品 12M。

2.非流动资产

非流动资产包括土地和厂房、在建工程、机器设备等。该模拟企业现有非流动资产 40M。其中，土地和厂房 30M；机器设备（生产线）10M。

3.负债

负债包括流动负债和长期负债。其中，流动负债包括短期借款、应付账款、其他应付款、应交税费等；长期负债包括长期借款和企业无抵押债券等。

该模拟企业现有长期借款 40M 和应交税费 2M。

4.所有者权益

所有者权益包括实收资本、留存收益和本年净利等。该模拟企业现有所有者权益 58M。其中，实收资本 45M；留存收益 9M；本年净利 4M。

第二节 模拟企业的市场环境分析

一、市场环境分析

企业与市场环境共同构成一个大系统。企业外部环境分析与企业内部环境分析是这一系统中的两个子系统，两者必须相互配合才能产生协同效应。但从企业角度来看，外部环境这一子系统是企业不可控制的客观环境，时刻处于变动之中。因此，企业必须经常对自身系统进行调整，才能适应外部环境的变化。

外部环境变化对一个企业产生的影响，可以从三个方面来分析。一是对企业营销有利的因素，即它对企业市场营销来说是环境机会；二是对企业营销不利的因素，它是对企业市场营销的环境威胁；三是对该企业营销无影响的因素，企业可以把它视为是中性因素。对机会和威胁，企业必须采取适当的对应措施，才能在环境变化中生存下来。

外部宏观环境分析包括政治法律、经济、科技、文化等方面的分析，即对社会需求的综合分析，目的是寻找机会把企业的产品卖出去，把企业做强做大。

1.政治法律

政治法律是指可能对市场产生影响的国家法律、政党意志、政府政策、舆论导向、社团民意等的总和。任何国家的一项经济政策的出台，一项经济措施的出台，对某些行业及企业的生存与发展影响巨大。

例如，每一次美国总统大选都是一次财团实力的较量，不同的候选人都有其施政主张，要么施政主张代表了其背后的财团利益，要么因其施政主张符合某些财团利益而得到支持。一个总统候选人主张禁酒，他若上台，酒厂就得关门；反之，酒、酒桶、粮食、酒店等都会畅销。所以，美国总统选举中的民意测验很受关注，商人们必须根据选情做好生意上的准备。

2.经济

这里所说的"经济"是指各个行业及其相互联系。经济是由各个行业紧密联系的整体，其特点正如汉语的字面含义，"经"就是经络，"济"就是支持，即各个行业如经络一样相互联系，相互依存，构成了上下游关系。如房地产业，关联着建材、钢材、劳务、装修、家电、绿化、城建、电力、自来水、液化气等，龙头产业发生重大变化，对经济具有全局性影响。例如，2008年上半年，中国经济有过热迹象，于是政府就出台政策抑制房地产业的发展；而在2008年下半年，金融危机爆发，中国出口受到致命打击，为了保持经济整体的发展势头，中国政府反过来又出台政策刺激房地产业的发展。

经济的主要行为特征是上下游联系。上游行业急剧萎缩，必然导致下游产业发展机会锐减；下游产业急剧萎缩，必然导致上游产业成本激增。直接的上下游关系，影响传递较快，影响程度较大；间接的上下游关系，影响传递较慢，影响程度较小。

3.科技

这里所说的"科技"是指具有降低成本、提高产品质量、引发新的消费的科学发现、技术发明、工艺改进的总和。科技发展对经济的影响是往往是刚性的。

一项新技术转化成现实生产力需要一个过程，从核心技术到技术方案，从技术方案到实验室工程，从实验室工程到产品，从产品到商品，从商品到项目，从项目到公司，有时一项技术从发明到产生经济效益需要几年的时间。

技术概念刚刚出现时发展很慢，到了发展期，技术功能的能力会迅速提高，而到了饱和期，发展速度又会降下来。从初始期到发展期，从发展期到饱和期，两个拐点的预测与把握显得十分重要。在技术功能的初始期要关注，即思想跟进；在技术功能的发展期要重视，即行动跟进；在技术功能的饱和期要关注下一个技术概念，即信息跟进。

4.文化

这里所说的"文化"是指对消费行为具有影响的习俗、习惯、偏好、时尚、信仰等因素的总和。文化是对终端消费者影响最为直接的因素，所以，商务策划必须重视环境中的文化因素。

文化发展变化有三个基本规律：主流换代、历史轮回、层次提升。

"主流换代"是指年轻一代带着历史痕迹替代年长一代成为社会主流，社会文化特征也将随之发生变化。

"历史轮回"则是文化固有的现象——某些时尚会在衰落很长时间后再度时兴。例如，2002年在上海举办的APEC会议，各国领导人穿上了中国的"唐装"，就是服装文化轮回现象的一个缩影。一切流行的都已被历史记忆，一切流行的都将被历史回忆。

"层次提升"是指人们的文化追求因物质财富日益丰富而逐步提高。就个人文化层次提升而言，其生理需要、安全需要、归属需要、尊重需要、价值实现的需要依次递升；就全社会来说，随着物质文明的发展，高层次精神需求的人口比例越来越高。

随着主流换代而文化层次越来越高，历史上的文化形式在更高层次再现，也许这就是文化变化的三大规律的合成。

影响市场环境除上述四个方面因素外，还有气候变化、自然灾害、战争、社会动乱等都会对市场环境产生重大影响。所以，分析市场环境，在定性的基础上，还需定量。市场环境的定量分析，涉及市场调查、信息收集与分析等。

　　分析市场环境的目的是寻找机会，然而，机会不仅是客观的，也是主观的。"机会"是客观环境与主观认识的统一。

　　人们对环境的认识必然带有一定程度的主观色彩，即便面对同样的环境，由于心态不同，对环境的判断也会有所不同。就如同"荒岛卖鞋"的故事：本来荒岛上的人不穿鞋，两个人去卖鞋，一个人先去了发现那里的市场不需要鞋，徒劳而返；另一个人接着去了，发现那里的市场没有人去满足，是空白市场，于是对赤脚人开展教育，最终给每个人都穿上了鞋。

　　据说，20世纪70年代的中国，有两个农村小孩儿，因为过不了穷困日子，两人结伴到城市闯荡。在火车站下车后，两人找水喝，那时火车站的水需花钱买，一杯水卖1分钱，一个小孩儿马上说："城市不好，一杯水就要1分钱，怎么混日子？还是回老家……"另一个小孩儿说："城市好呀！一杯水都能卖上1分钱，适合闯天下。"两个人从此分道扬镳，命运也因此天差地别。

　　所以，怀着尊重的、积极的心态，在创新思维的启示下，对市场环境进行分析，才能发现与利用市场机会。

二、模拟企业的市场环境分析

　　根据一家权威的市场调研机构对未来10年各个市场需求的预测，P1产品是目前市场上的主流技术产品，但在不久的将来会面临激烈的竞争。竞争可能来自于当地的同行，或是来自外国竞争者，又或是来自P系列其他产品。

　　P2产品作为对P1产品的技术改良产品，是下一步的自然发展方向。P2产品可望补偿针对P1产品需求的下降，也比较容易获得客户的认同。

　　P3产品是一个技术上遥遥领先于P2产品的新产品，被视为未来技术上及有利于环保方面的一个飞跃。目前很难评估客户针对这种新技术的态度。

　　P4产品被视为一个未来技术的产品，大家都在观望，然而它的市场何时才能形成是一个难以确定的问题。

　　作为P系列产品的高新技术，各个市场的认同度不尽相同，需求量和价格也会有较大的差异。下面我们针对不同的目标市场分阶段进行详细的预测分析。

　　1. 模拟企业1～4年市场预测

　　本地市场对P1产品的需求已经减少，但是在不久的将来，仍然存在着对P1产品的需求。为了弥补这个市场需求的下降，新的市场或许存在着机遇。

　　开始阶段，或许可以立足于企业周边的地域（国内市场和亚洲市场），预计那里对低技术产品（P1产品和P2产品）需求会很不错。这两个市场的需求量有很大的差别：以产品数量计，亚洲市场与本地市场相等，国内市场估计只有本地市场的一半。

　　欧美市场的建立需要很长时间，大约为3年。因此针对其需求量的预测自然很不确定。这个市场被认为相当大，并且偏好高技术含量的产品。在这个市场上可以销售低技术产品，但是价格竞争会非常激烈。

　　进入国际市场可以在本期预测的时间段完成。这个市场估计会偏向于低技术产品，同时也存在着在后期可以销出技术更先进的产品的可能性。

　　进入一个市场意味着建立一些销售机构，它们可以销售企业所生产的产品。企业生产部分将永远不会移至国外。

预测显示的是市场上的全部需求量，也就是本地制造商可以得到的全部市场的份额。这个市场份额估计为全球市场需求量的 10%，外国竞争者将分得剩余的 90%。模拟企业 1～4 年市场预测如图 3-1 所示。

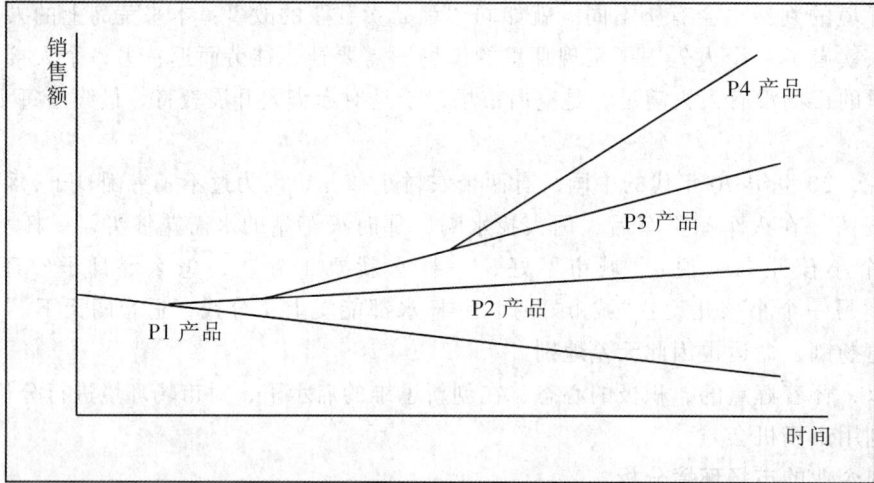

图 3-1　模拟企业 1～4 年市场预测

（1）本地市场。本地市场将会持续发展，但是其中 P1 产品的需求有可能减少。P2 产品的前景广阔，不过该项目需要 1～2 年开发测试才能成功。模拟企业 1～4 年本地市场预测如图 3-2 所示。

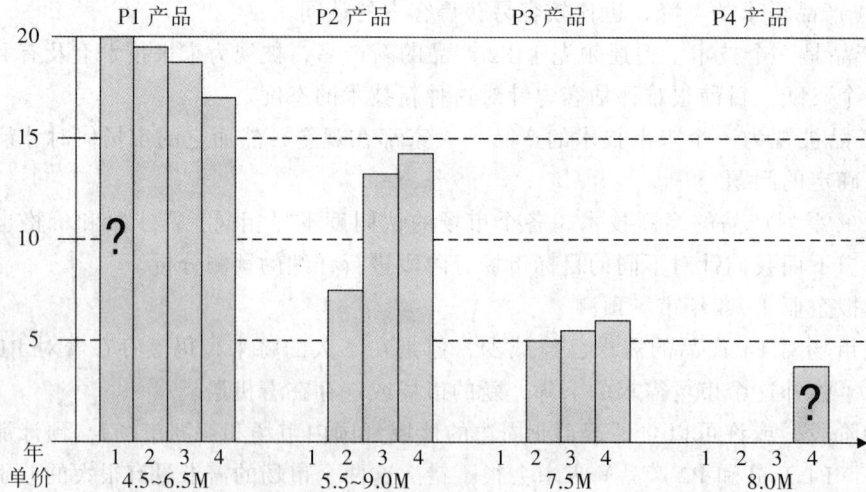

图 3-2　本地市场预测（1～4 年）

（2）国内市场。国内市场不如本地市场那样广阔——仅需少量的低技术产品如 P1 产品及 P2 产品。P3 产品市场则有很大的不确定性，但是普遍认为 P4 产品将会有很大需求。模拟企业 1～4 年国内市场预测如图 3-3 所示。

（3）亚洲市场。亚洲市场需求量有可能和本地市场差不多——低技术产品在接下来几年里需求量很大。而近几年里估计也有销售 P3 产品的可能，P4 产品的前景则不太明朗。模拟企业 1～4 年亚洲市场预测如图 3-4 所示。

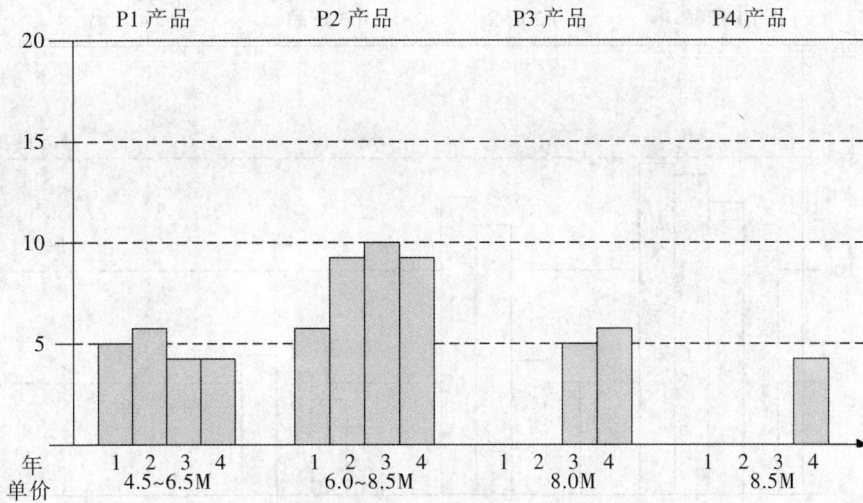

图 3-3 国内市场预测（1～4年）

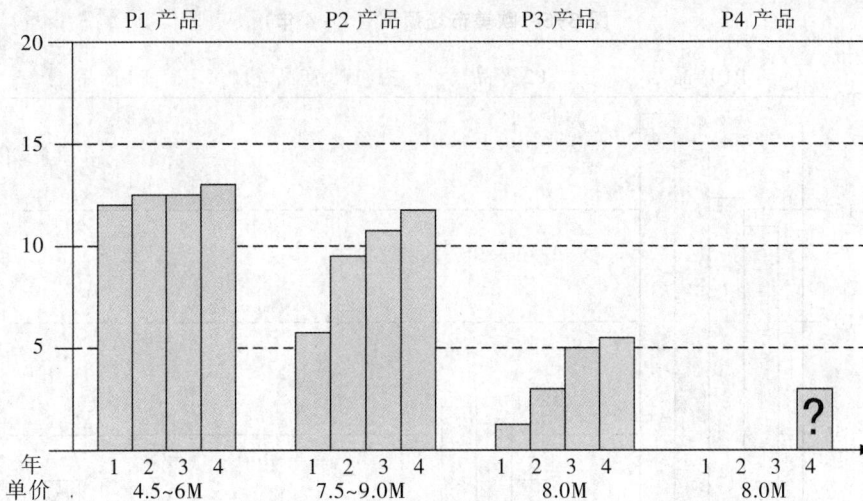

图 3-4 亚洲市场预测（1～4年）

（4）欧美市场。在这个市场上竞争很激烈。所有产品的市场需求都很大——但是低技术产品的价格会比本地市场的价格低。经过一定推广后，高技术产品价格会比较高。很难对 P4 产品的市场进行预测。模拟企业 1～4 年欧美市场预测如图 3-5 所示。

（5）国际市场。国际市场绝对是以低技术产品为主。对 P1 产品及 P2 产品将会有很多需求，这个市场在近几年会非常有吸引力。针对 P3 产品估计存在某些需求，但价格可能会很低。P4 产品市场则不乐观，一方面是因为需求量小，另一方面是因为价格高。模拟企业 1～4 年国际市场预测如图 3-6 所示。

2. 模拟企业 5～7 年市场预测（新的机遇来临）

现在已经有一个新的预测来代替三年前的预测。总体来说，一切按预计的发生了，当然也存在着一些细小的偏差。机遇有许多，但是竞争很激烈。

企业已经投资了一些项目，其中部分项目还没有产生令人满意的回报，但是针对未来的发展前景依然十分看好。

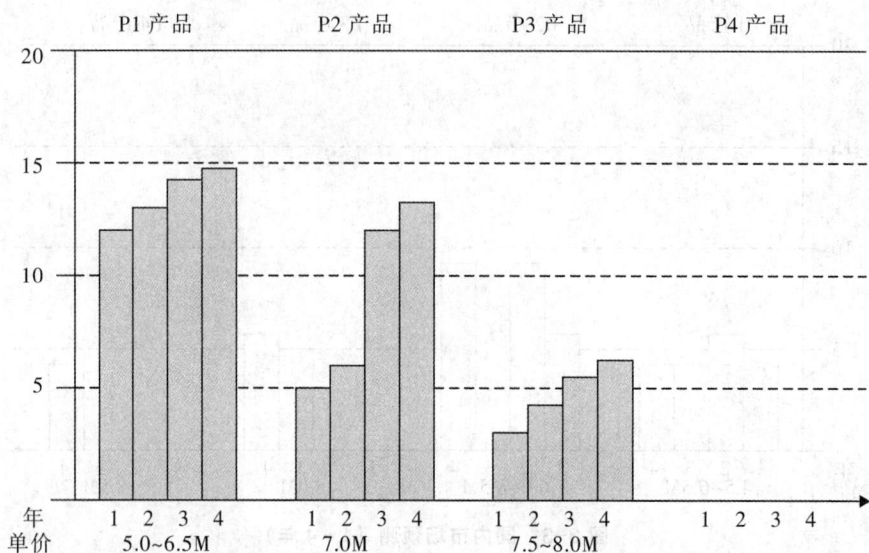

图 3-5　欧美市场预测（1～4 年）

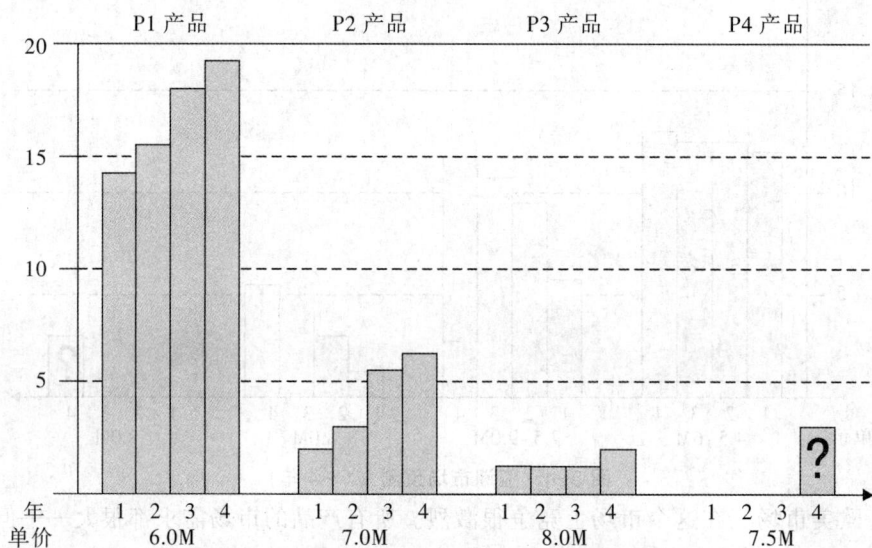

图 3-6　国际市场预测（1～4 年）

（1）竞争。到目前为止，企业间的发展已经产生了差异：有些目标对准开发新产品，有些在更新生产设施，有些已经进入新市场，还有些同时启动了以上所有的工作。

新的管理层接手企业后，一些项目投资增加了资本的需求，其目的在于保证企业长期的生存。投资资金主要来自于银行贷款，而这些新增的银行贷款的利息（逐渐增加）将是各企业的财务报表中一个很大的成本项目。

（2）产品。本地市场对 P1 产品的需求大幅度下降，但是来自国内市场和亚洲市场的需求弥补了这部分的下降。

P2 产品已经开始立足市场，并且其市场价格令企业满意。许多客户已经尝试生产这个产品。然而竞争的压力令企业丝毫不敢大意，预测在主流市场上该产品的售价会下降，这一点应该引起管理层的关注。

P3 产品并没有像一些企业估计的那样成功。到目前为止，客户不愿意为该产品支付高价，但是估计市场已经开始感觉到该产品在技术上以环保方面的优势。

P4 产品代表着未来技术的发展方向，关于这一点来自市场调研机构的预测是准确的，估计在不久的将来，市场上针对这类产品的兴趣会增加。

（3）市场。正如预测的那样，本地市场针对 P1 产品的需求递减，而且估计这种态势会持续下去。相反，市场针对高技术产品的期望很高。

在国内市场和亚洲市场上的发展情况总体上与预测一致。特别是高技术产品近期的市场前景将会非常光明。

P2 产品的需求即便呈现下降趋势，它在国内市场上的售价也相当高。就数量而言，本地市场与国内市场持平。

虽然本地市场上的 P2 产品的售价没有达到它在国内市场上的水平，但是其发展态势仍然令人满意。

针对全球市场的预测与第一次的预测相比没有明显的变化。在全球市场上，主要的兴趣点仍然在低技术产品上，针对其他产品的机会有很大的不确定性。

（4）综述。据估计，某些客户会要求其供应商具备质量以及环保资格认证。

发展的趋势比预想的更好，新市场上的需求上升抵消了当地市场上的需求下降（如图3-7 所示）。

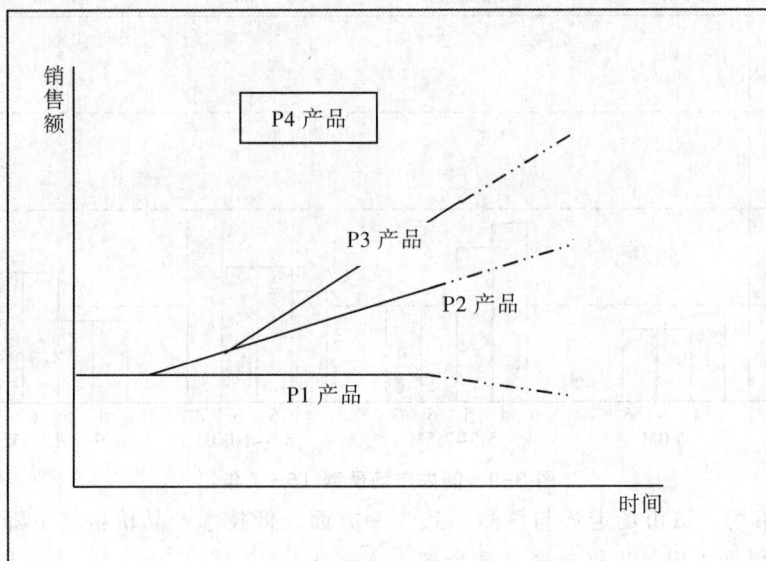

图 3-7　模拟企业 5～7 年市场预测

①本地市场。仍有发展前景——但是市场兴趣已经逐步向高技术产品转移。P2 产品仍然可以合理价格出售，但是其发展趋势已经很清楚。P3 产品的价格仍然比较低，但是市场预测前景很乐观。关注高技术产品的客户同时也很苛求，不久后客户只会接受得到 ISO 认证的供应商。模拟企业 5～7 年本地市场预测如图 3-8 所示。

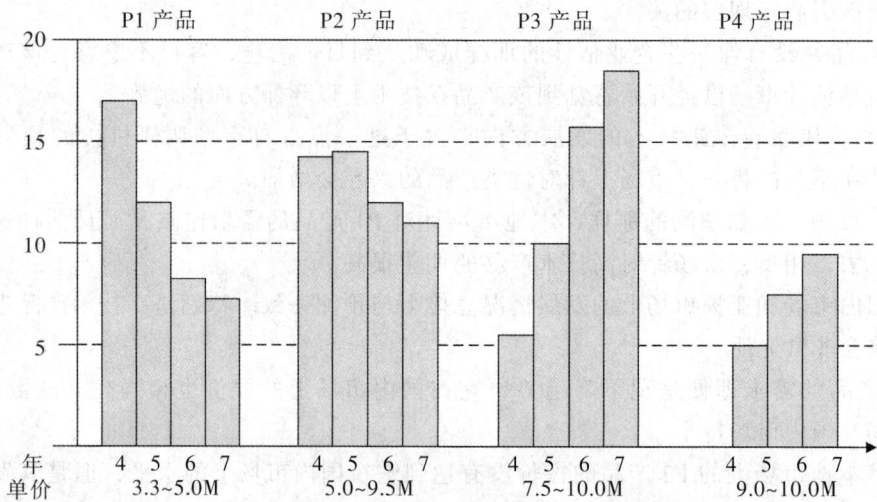

图 3-8　本地市场预测（5～7 年）

②国内市场。总需求量与预测很接近，并且近期内该市场价格要高于国际市场。市场对 P4 产品的信心很足，估计第 4 年该产品就可以上市。不久，在这个市场上大部分客户都会要求其供应商具备资格认证——主要为 ISO 9000 和 ISO 14000。模拟企业 5～7 年国内市场预测如图 3-9 所示。

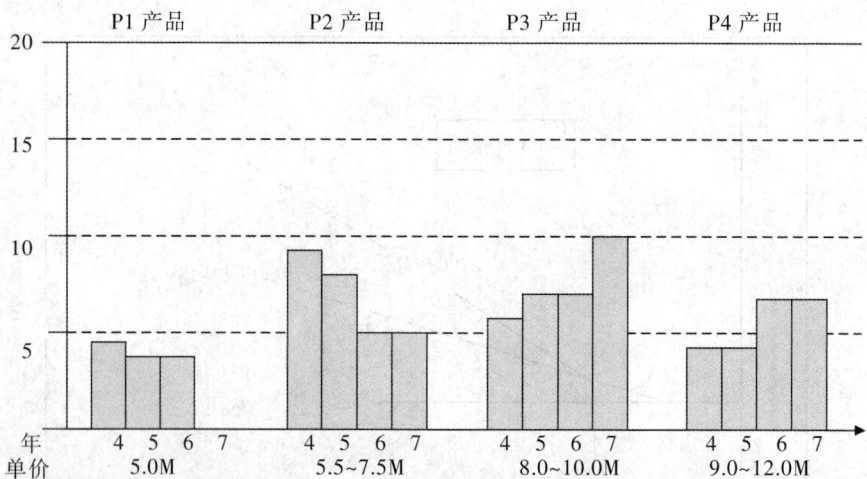

图 3-9　国内市场预测（5～7 年）

③亚洲市场。该市场走势与预测一致。一方面，低技术产品价格将下降；另一方面，P3 产品需求增加。但是价格与产品质量却不成正比。

客户将会要求供应商取得 ISO 9000 认证。不过关于对环保认证的要求目前尚无迹象。模拟企业 5～7 年亚洲市场预测如图 3-10 所示。

④欧美市场。低技术产品市场让人失望，其主要原因是环保标准太低，客户不满意。调查显示，市场开始看好 P3 产品和 P4 产品，且价格很令人满意。

据估计，市场针对取得 ISO 认证的高技术产品的需求将会很可观。模拟企业 5～7 年欧美市场预测如图 3-11 所示。

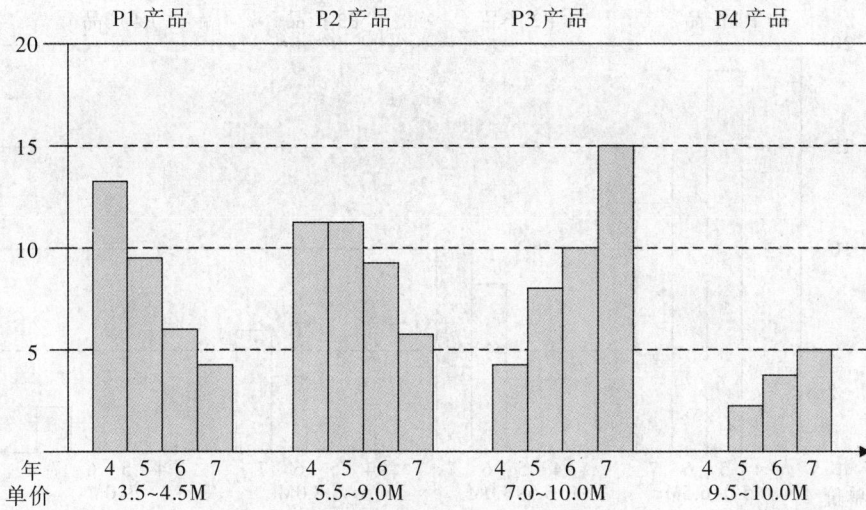

图 3-10　亚洲市场预测（5～7 年）

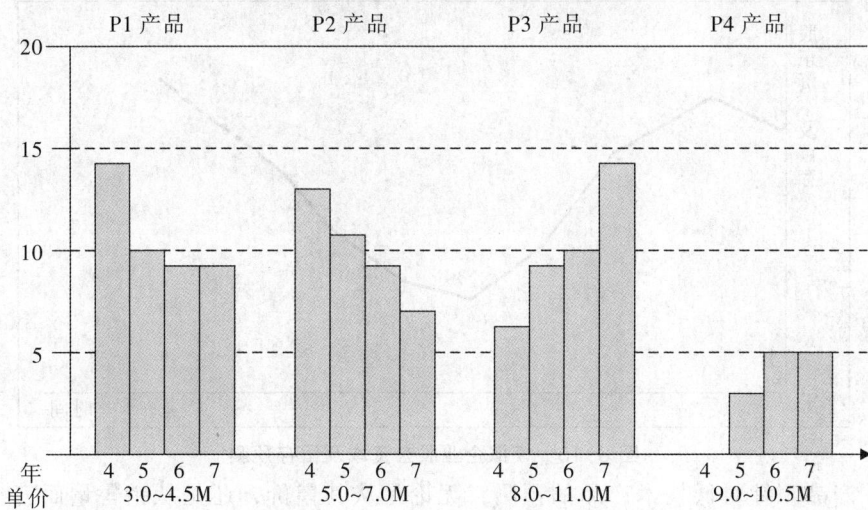

图 3-11　欧美市场预测（5～7 年）

⑤国际市场。从表面上看，低技术产品会走俏，尽管曾经预测 P1 产品的需求量可能走低，高技术产品市场前景尚不确定（判断有误?），也许在这样的市场上不需要 ISO 认证也能取胜。模拟企业 5～7 年国际市场预测如图 3-12 所示。

3.模拟企业 8～10 年市场预测（最后的机会）

大多数企业的股东资本及留存的发展势头并不能让人满意（如图 3-13 所示）。

图 3-13 中的曲线显示的是股东资本及留存可能在 1～7 年中发展的轨迹。针对这个曲线或许有很好的理由可以解释——其中一个主要的原因是大量的投资。这些投资对企业长远的生存至关重要。

（1）竞争。在各个市场上的竞争仍然激烈。许多企业已经投资新的生产设施。这项投资会使得增加销量的可能性提高，但是同时也使得企业要想在充满竞争压力的市场维持高市场份额更加困难。

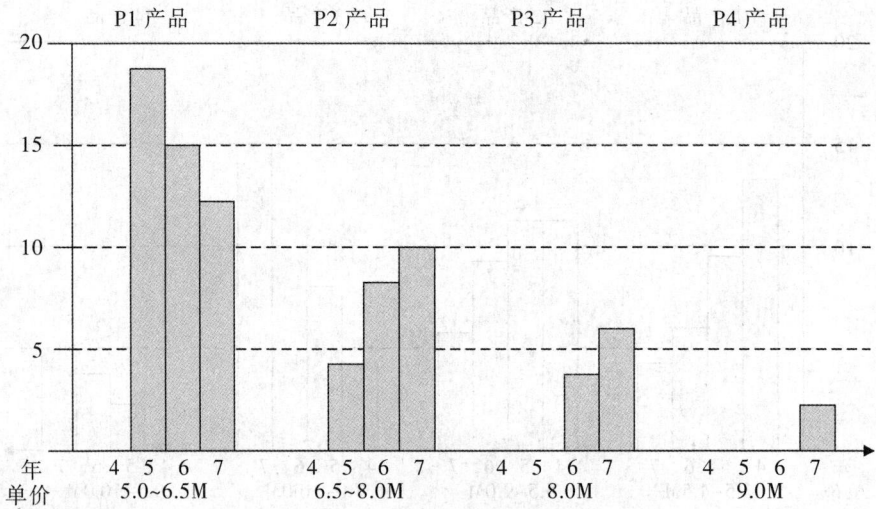

图 3-12　国际市场预测（5~7 年）

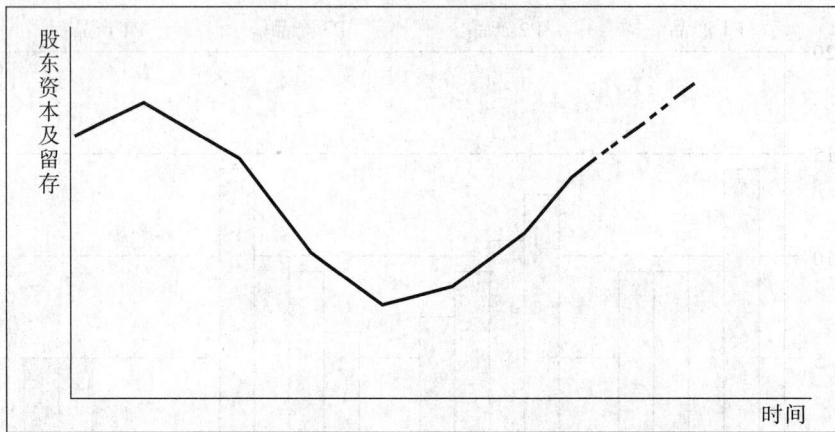

图 3-13　模拟企业股东资本及留存预测

（2）产品。针对低技术产品的预测，无论是从其售价，还是从销售量而言都不是很好。国际市场显示出潜力，然而进入该市场需要较长的时间，也就是意味着只有已经进入该市场的公司才能从市场潜力中获利。

除此之外，客户感兴趣的大多为高技术产品。P3 产品已经成功了好几年，其市场前景依然看好。P4 产品看起来成功了一半，它在所有市场上发展前景都不错，并且享有高价格。

（3）市场。总体来看，所有市场上的需求情况都不错，除了低技术产品。然而，全球市场的发展态势不同于其他市场。不过，它仍然如所预测的那样发展。

欧美市场上低技术产品的价格很不理想。P3 产品和 P4 产品的成功估计会持续下去。

（4）综述。管理层应该将注意力集中到盈利上，强劲的市场潜力应该带来进一步市场细分。就大多数企业目前的业绩状况而言，离股东的满意度还相差甚远，幸运的是，耐心的股东们是一群乐观主义者。

实际情况再一次比预测的更好（如图 3-14 所示）。

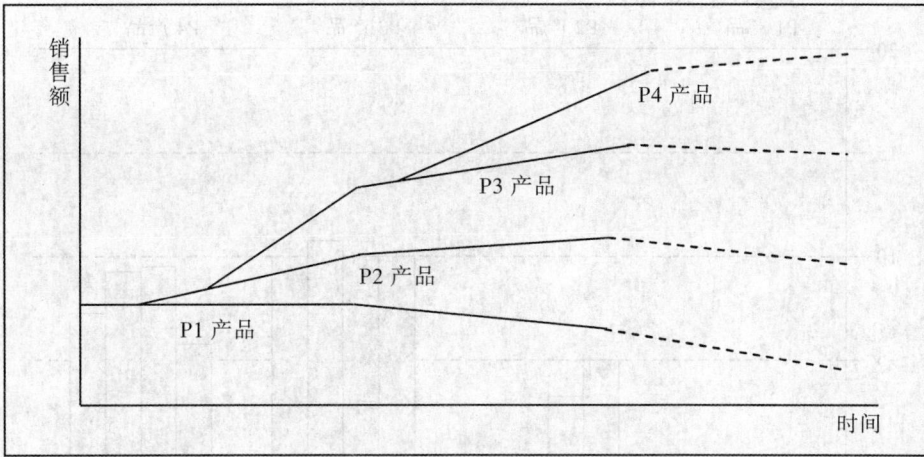

图 3-14　模拟企业 8～10 年市场预测

①本地市场。市场对 P3 产品和 P4 产品的兴趣浓厚，不过经营 P1 产品和 P2 产品却不能保证盈利。一个供应商仅仅拥有生产高技术产品的生产能力是不够的，必须同时取得 ISO 9000 和 ISO 14000 认证。模拟企业 8～10 年本地市场预测如图 3-15 所示。

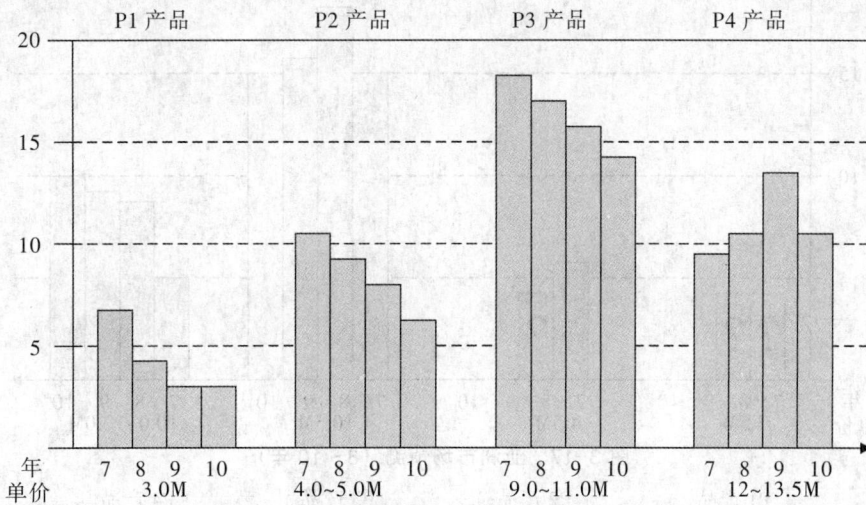

图 3-15　本地市场预测（8～10 年）

②国内市场。该地区对低技术产品并不感兴趣，但是对 P3 产品很感兴趣。P4 产品需求依然强劲，市场由数家主要厂家控制。ISO 认证对供应商仍然非常重要。模拟企业 8～10 年国内市场预测如图 3-16 所示。

③亚洲市场。低技术产品的市场将要终结。即便某些产品仍有市场，但是其价格将会很低。P3 产品和 P4 产品市场前景不错。不过越来越多的客户要求供应商拥有 ISO 9000 和 ISO 14000 认证。模拟企业 8～10 年亚洲市场预测如图 3-17 所示。

④欧美市场。P1 产品和 P2 产品的价格令人失望，但是可以卖掉很多产品。P3 产品和 P4 产品发展得比预计更好——但愿预测是正确的！

客户要求越来越严格，供应商也许必须同时拥有 ISO 9000 和 ISO 14000 方能胜出。模拟企业 8～10 年欧美市场预测如图 3-18 所示。

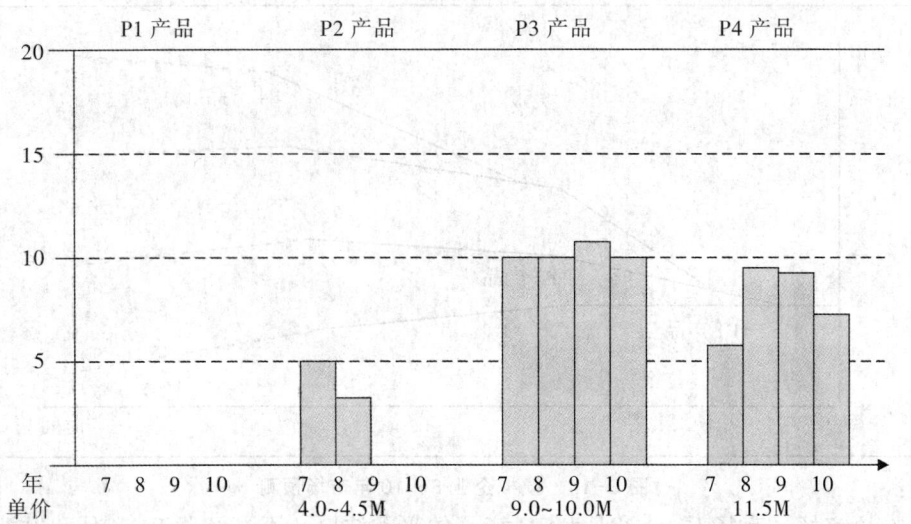

图 3-16　国内市场预测（8~10 年）

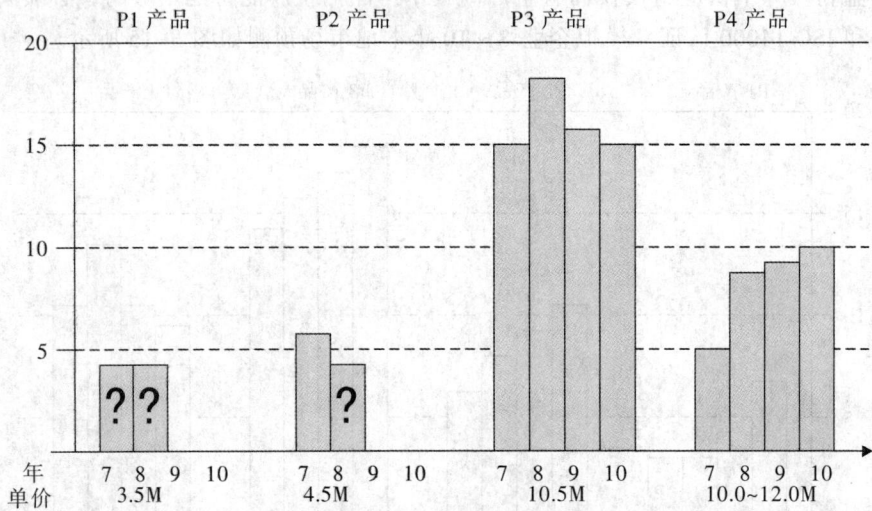

图 3-17　亚洲市场预测（8~10 年）

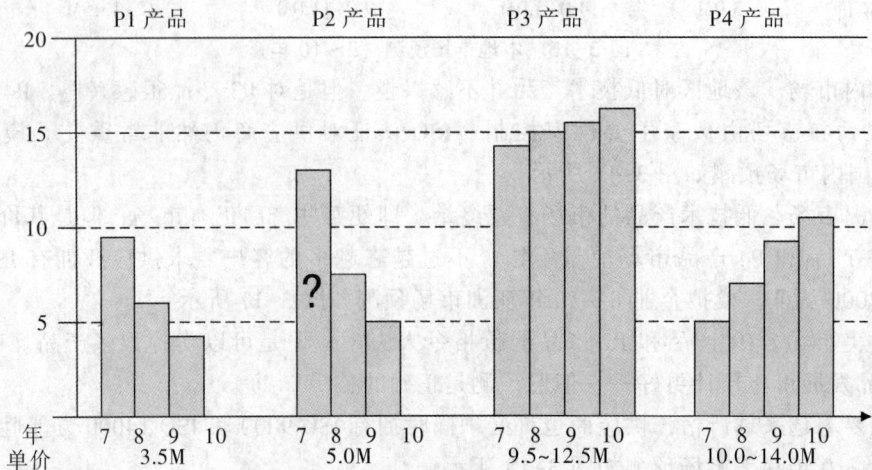

图 3-18　欧美市场预测（8~10 年）

⑤国际市场。客户对熟悉的技术情有独钟。P1 产品和 P2 产品两种产品很受欢迎，甚至据预测 P2 产品价格将会上升，但是要使客户移情其他产品困难不小。与其他市场相比较，只有很少客户要求供应商具备 ISO 认证资格。

第三节 模拟企业部门职能

一、采购部门

采购是企业运作的重要环节。企业的产品成本约 1/3 是原材料成本，而采购的价格是原材料成本的绝大多数。此外，采购承担着为获取企业资源的责任，保证企业连续生产运作。

P 系列产品的 BOM（bill of material——物料清单）如下：

类型：A、B、C 三种原材料，价值均为 1M。红色币代表原材料 A；绿色币代表原材料 B；蓝色币代表原材料 C。

说明：各种原材料均以批为单位，在用途上有所差异，但价值均为 1M。A 类原材料为产品 P 系列的基础材料，在产品 P1、P2、P3、P4 中使用，采购提前期为一期。B 类原材料为科技含量较高的原材料，在 P2、P3、P4 中使用，采购提前期为一期。C 类原材料为 P 系列产品中科技含量最高的原材料，在 P3、P4 中使用，采购提前期为二期。

配比方法：P1 产成品由一个 A 原材料与 2M 生产费用组成；P2 产成品由 A、B 原材料各一个与 2M 生产费用组成；P3 产成品由 A、B、C 原材料各一个与 2M 生产费用组成；P4 产成品由 A、B 原材料各一个及 C 原材料两个与 2M 生产费用组成。配比方法参照表 3-3。

表 3-3 配比方法

	P1产品	P2产品	P3产品	P4产品
原材料配比	A	A：B	A：B：C	A：B：2C
原材料总价值	1M	2M	3M	4M

原材料价格与采购提前期见表 3-4。

表 3-4 原材料价格与采购提前期

原材料种类	A	B	C
原材料价格	1M	1M	1M
采购提前期	1Q	1Q	2Q

二、生产部门

1. 厂房

类型：根据所容纳生产线数量与价值的不同，厂房分为大厂房与小厂房（见表 3-5）。

表 3-5 厂房类型

	价值	年租金	生产线容量
大厂房	30M	3M	3条生产线
小厂房	20M	2M	2条生产线

说明：企业可在年底购买或租赁厂房以扩大生产，如购买厂房需要从现金中取出厂房相应价值放入厂房价值栏中；如租赁厂房，租金按年度支付，在财务报表中归入"期间费用"项目。企业自有厂房可按原值出售，即将厂房价值栏中的现金币直接放入现金栏中，作为企业的流动资金使用，同时向指导教师申请将厂房（自有）的标牌换为厂房（租赁）的标牌。

2. 生产线

生产线类型分为半自动生产线、全自动生产线和柔性生产线（见表3-6）。

表3-6   生产线类型

生产线	半自动生产线	全自动生产线	柔性生产线
购买价	8M	18M	24M
安装周期	2Q	3Q	3Q
残值	2M	6M	8M
调整费用	2M	4M	无
调整时间	1Q	2Q	无
维修费用（每年）	1M	1M	1M

新建生产线：安装周期和购买价格参照表3-6，安装完成后方能投入使用。以全自动生产线为例，全自动生产线安装周期为三期，购买价为18M。将新购入建设中生产线上放置三个空桶，在每期新建生产线时投入6M，三期投满18M时将币移至设备价值中。

生产线调整：处于生产中状态的半自动与全自动生产线若要变换生产产品的类型则需要调整。调整时间与费用见表3-4。例如，要使用现有生产P1产品的全自动生产线生产P2产品，需在该生产线空闲时（即没有在制品）进行调整，需要经过两期的调整时间，每期花费2M的调整费用，共计4M。

出售生产线：没有在制品处于生产状态的生产线可以出售，残值参照表3-4。

维修：在全年的经营过程中，每条参与生产的生产线都要支付1M的维修费用。

折旧：专指机器设备折旧，采用余额递减法，每年从设备价值中提取出1/5，当设备价值不多于5M时，每年折旧以1M计，在建工程不计提折旧。

三种类型生产线的比较参见表3-7。

表3-7   三种类型生产线比较

	安装期	购买价格	产能	调整时间与费用
半自动生产线	短	低	低	时间短、费用低
全自动生产线	长	较高	高	时间长、费用高
柔性生产线	长	高	高	无

3. 生产

（1）更新生产、完工产品下线。将组装车间中的在制品移至相应产成品库，加工车间中的在制品移至组装车间。

（2）新产品上线。更新生产后，在加工车间空闲的时候，可以开始生产新产品。投入生产的生产线可以不满负荷生产，如全自动生产线可只上线生产一批产品，而不是两批。

4. 生产加工

新产品上线时，将相应原材料出库进入加工车间开始加工，并一次性投入加工费（如工人工资等，支付现金）。不同的生产线或不同的产品，其生产费用也不同，用全自动/柔性生产线生产 P 系列任何一种产品，加工费用均为 2M，用半自动生产线生产 P1、P2 产品加工费 2M，生产 P3、P4 产品加工费 3M（见表 3-8）。

表 3-8　　　　　　　　　　　　　　　　生产加工表

	P1产品	P2产品	P3产品	P4产品
半自动(每批产品)	2M	2M	3M	3M
全自动/柔性(每批产品)	2M	2M	2M	2M

5. 产成品

产成品类型：P1、P2、P3、P4。

说明：产成品以批为单位，一桶产成品为一批。一批产成品由原材料与加工费组成。例如，全自动生产线生产的 P2 产成品是由一个红色原材料 A 与一个绿色原材料 B 再加两个现金币的加工费用（总数四个币即构成直接成本）。

6. 生产部门职能

营销部门：生产能力计算。

采购部门：提出原材料需求计划。

财务部门及总经理：产品类型、生产线匹配、成本分析。

三、营销部门

1. 营销网络建设

市场是企业进行产品营销的场所。只有把营销网络做大、做强、做久，企业才能得到更好的发展。目前，企业仅拥有本地市场，还有国内市场、亚洲市场、欧美市场和国际市场四个未开拓的市场，目标市场建设期和费用参见表 3-9。

表 3-9　　　　　　　　　　　　　　　目标市场建设期和费用表

名称	建设期	建设费用（每年）	费用合计
本地市场	开放	开放	开放
国内市场	1年	1M	1M
亚洲市场	2年	1M	2M
欧美市场	3年	1M	3M
国际市场	3年	1M	3M

说明：目标市场的开拓无先后顺序，并且期间可中断开拓，当市场开拓完毕会得到一个相应市场准入证书。

2. 国际质量体系认证与环境体系认证

认证类型：ISO 9000、ISO 14000。

说明：随着客户对产品质量和环保要求的提高，各市场将陆续出现要求认证的订单，若欲获得此类订单，你的企业必须取得相应的认证资格，其所需时间和费用见表 3-10。

表 3-10　　　　　　　　　　取得认证资格所需时间和费用

	ISO 9000产品质量认证	ISO 14000产品环保认证
时间	2 年	4 年
投资	共2M（每年1M）	共4M（每年1M）

3. 市场订单（见图 3-19）

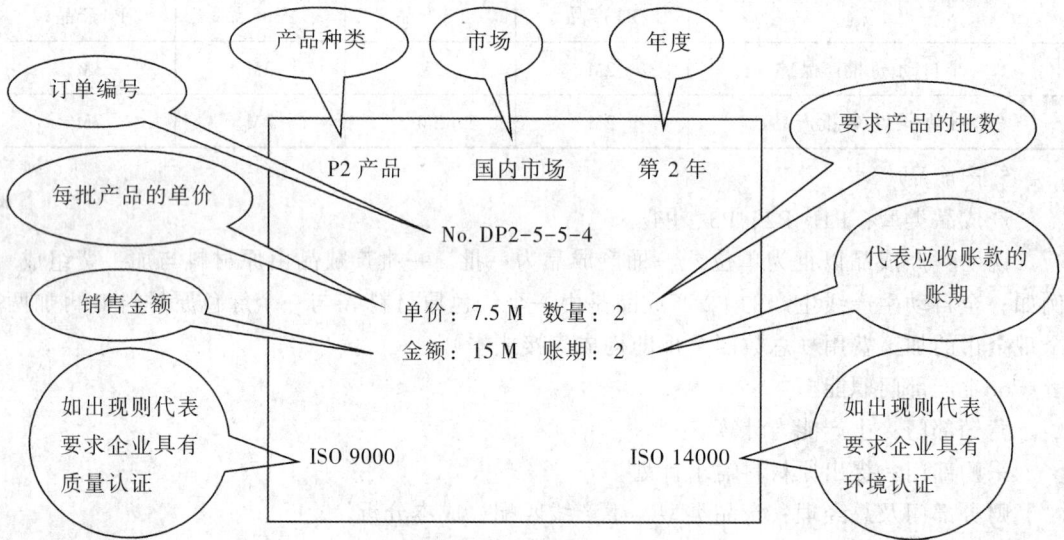

图 3-19　市场订单

4. 市场竞标规则

各市场在每年年初都将举行一次市场竞标会，各组需填写市场竞标单和广告单。只有完成某个市场的营销网络建设，并由指导教师颁发营销网络证书，方能取得进入该市场的资格，此时，便可在该市场参加市场竞标。

在新的营销网络建设完成后，选取某种产品的订单时，决定选单顺序的因素依次为：

（1）投标价格。投标价格低者先选单，但投标价格不能低于当年商业预测的最低价，否则会被视为恶意竞争者，取消其选单资格。

（2）应收账款的账期。在投标价格相同的情况下，取得货款账期长者（最长3期）可先选订单。

（3）广告费。在前两项因素相同的情况下，广告费投入多的公司可优先选取订单。

（4）其他。前三项因素相同的情况下，投标单先提交的公司先选单。

5. 待销售产品

待销售产品类型：P1、P2、P3、P4。

说明：本课程虚拟 P 系列产品，产品共分为四种，分别为 P1、P2、P3、P4。各产品价格与市场走势详见每年年初的商业预测信息。

各销售订单都规定了产品的数量，只有当相应的产成品库存量达到这个数量时方可对该订单交货。交货时销售经理从相应产成品库中拿出相应数量的产品交给指导教师；财务经理同时把这些产品的直接成本记下，以备填制利润表之用。指导教师根据订单金额支付相应的货款，货款是以应收账款形式表现的，将货款放到沙盘上"应收账款"的相应位置。

当年所接的订单，如果年底前没能交货，无法完成的订单会被收回，并收取订单总额的 20% 作为违约金。

例如，假设 A 公司第 3 年接到 1 张本地市场 5 批 P1 产品和 1 张国内市场 4 批 P1 产品的订单，当第三期交货之时，国内市场的订单（总金额为 20M）尚未交货，而此时 P1 产成品只有 3 批，不足以交货，即无法完成当年订单，那么此订单会被收回，并收取 4M 作为违约金。

四、研发部门

研发类型：P2、P3、P4。

说明：P2、P3、P4 三种产品均需要研发方可生产销售，研发时间与所需费用参见表 3-11。

表 3-11   研发时间与所需费用

产品	P2	P3	P4
时间	4Q	4Q	4Q
投资	6M	12M	18M
研发规则	1-1-2-2	2-2-4-4	4-4-5-5

研发规则说明：以研发 P2 产品为例，研发 P2 共需要经过四期建设，第一期需投资 1M、第二期投资 1M、第三期投资 2M、第四期投资 2M，共需投资 6M。

五、财务部门

融资渠道类型：长期贷款、短期贷款、出售厂房、应收款贴现、无抵押债券。

（1）长期贷款。允许各企业在每年年末以 20 的倍数申请，贷款额度为短期贷款与长期贷款之和不得超过上一年所有者权益的 2 倍。长期贷款利率为 5%，贷款期限最长 6 年，每年年末支付贷款利息。

（2）短期贷款。允许各企业在每期的期初以 20 的倍数申请，贷款额度为短期贷款与长期贷款之和不得超过上一年所有者权益的 2 倍。短期贷款利率为 10%，贷款期限最长为 3 期，利随本清。

（3）出售厂房。你可以在年末以原值出售厂房，出售时厂房中如有生产线，则必须将其租回，并在年底支付租金。

（4）应收账款贴现。如果你急需现金，你可以将未收到的应收款卖给金融公司，这些金融公司将要等待客户的付款，当然你需要支付贴现费用。在我们的模拟中，从应收账款中取出 7M 放入 6M 现金，剩余 1M 作为贴现费用，放在沙盘贴现的位置。贴现可以在任何时候进行，金额为 7 的倍数。不论应收账款账期长短，贴现费用都为 1M。

（5）无抵押债券。你可随时发行无抵押债券来融资（以 20 的倍数申请，总的应付债券不能超过 40M，还款期最长 3 年），利率 20%。

说明：当申请贷款时须在还本年限处放置空桶，除短期贷款以期为单位外，长期贷款与无抵押贷款以年为单位，向现金方向移动，当空桶移至现金时企业须还本。到期无法还本的企业则视为破产。参见表3-12。

表 3-12   贷款额度与利息

	额度	利息
长期贷款	上年所有者权益的2倍（20的倍数）	5%（每年年底付息）
短期贷款		10%（利随本清）
贴现	在应收账款中变现	1/7（收7M应收款，支付1M贴现息）
出售厂房	原值	直接变现
无抵押债券	随时发行，最多（20的倍数）	20%（每年年底付息）

六、总经理

总经理代表着企业，并对企业经营负责，总经理既是行政一把手，又是股东权益代言人。

总经理对公司所有重大事务和人事任免进行决策，决策后，权力就下放给具体主管，总经理具体干预的较少。

总经理应营造一种促使员工愿意为公司服务的企业文化，并把公司的整体形象推销出去。

第四节   实验细则

一、操作一览表细则

操作一览表把各个小组在企业经营模拟中的各项行为按照顺序以表格形式加以记录，它是进行操作的"流程表"。操作一览表分为三个部分：年初业务、期间业务、年末业务。

1. 年初业务（见表3-13）

表 3-13   年初业务

年初业务	支付应付税(根据上年度结果)	
	市场投入	
	挑选订单	
	加急交货	

说明：年初业务只在每年年初时操作，一年只做一次。

（1）支付应付税。如果上一年净利润为正数，并弥补前三年亏损后为正数时，按照利润的33%计提税金。

（2）准备新一年。财务部门提供现金预算，各部门讨论并制订本年度的发展计划，市场部经理要做出市场投入预测。

（3）市场招标会。各组的市场经理参加市场招标会。

2. 期间业务（见表 3-14）

表 3-14　　　　　　　　　　　　　　　　　期间业务

	更新短期贷款			
期间业务（重复三次）	获得新短期贷款			
	更新其他应付款			
	更新应付款			
	更新原材料订单			
	下原料订单			
	更新生产			
	处置生产线			
	新建生产线			
	生产线调整			
	产品上线生产			
	投资产品研发			
	更新应收款			
	交货给客户			
	支付管理费用			

说明：期间业务在年初业务完成后进行，一般情况下企业期间业务为一年四期，每季度一期。

在沙盘仿真模拟实验过程中，将期间业务的各步骤从上而下进行一遍为一期。每年度要重复模拟四次，再加上年初业务和年末业务，不仅工作量大，且很烦琐。为了节省年度模拟时间，可将期间业务压缩成一年二期或三期，这样可增加模拟年度、提高模拟效率。博浪 ERP 电子沙盘的实验规则将一年分为三期，一年重复三次。

（1）更新短期贷款/获得新短期贷款。可视需要选择融资方式（长期贷款、短期贷款、出售厂房、应收款贴现、无抵押债券）中的一种。

（2）更新其他应付款/应付款。将其他应付款/应付款位置上的空桶向现金方向移动一期，但空桶移至现金中时需支付应付款。

（3）接受原材料订单。如已向原材料供应商下原材料采购订单，此时需要全部接收。

（4）下原材料订单。根据生产所需，在此时向原材料供应商下采购订单。

（5）更新生产。将生产线上产品向产成品库方向移动。

（6）处置生产线。可在此步骤将现有生产线出售。

（7）新建生产线。可在此步骤购入新生产线。

（8）生产线调整。没有在制品的生产线可调整其生产产品的类型。

（9）产品上线生产。当生产线空闲时，在此步骤将原材料上线生产，并投入加工费用。

（10）投资产品研发。在此步骤进行新产品的研发。

（11）更新应收款。将应收款向现金方向移动一期，如已进入现金区则可转变为现金使用。

（12）交货给客户。如已完成一张订单的生产，可将产成品按订单要求交货。

（13）支付行政管理费。支付 1M 的行政管理费用。

3. 年末业务（见表 3-15）

表 3-15　　　　　　　　　　　　　　　年末业务

年末业务	支付厂房租金/出售厂房/租赁厂房/购买厂房		
	支付长期贷款/应付债券利息		
	更新长期贷款/应付债券		
	获得新长期贷款		
	支付设备维修费		
	机器设备折旧		
	营销网络建设		
	ISO 认证投资		
	结账		

（1）支付厂房租金/出售建筑/租赁厂房/购买厂房。在此步骤进行对建筑的相应操作。

（2）支付长期贷款/应付债券利息。如长期贷款/应付债券并未到期，在此步骤需要为长期贷款与应付债券支付利息。

（3）更新长期贷款/应付债券。将长期贷款/应付债券向现金方向移动一格，如已进入现金区则需还本并付息。

（4）获得长期贷款。在此步骤可申请长期贷款。

（5）支付设备维修费。当年所有使用过的生产线均需支付 1M 的维修费用。

（6）机器设备折旧。机器设备拿出 1/5 作为折旧，当机器设备总值低于 5M 时，每年折旧以 1M 计提。

（7）营销网络建设。在此步骤进行新市场建设。

（8）ISO 认证的投资。在此步骤进行 ISO 资格认证投资。

（9）结账。本年业务完成，财务主管负责结账。

第五节　实验评估

一、评估内容

评估内容主要包括业务收入、盈利能力、人力资源、信息化投入、信息化应用、信息化效能、决策支持能力、电子商务状况、合作能力、创新与发展能力等。

二、评估程序

评估的程序大致可归纳为下列两点：

1.收集相关的数据

（1）反映企业经营过程和企业经营状况的各类表单。

（2）反映企业财务状况的报表。

2.得出结论

运用相应分析方法、知识、经验及判断能力得出结论。

三、评估方法

1.收入评估法

此方法是一种用来估计公正市价的评估方式，根据拥有权预期未来利益的现有价值。收入评估法引入贴现现金流量分析，换言之，企业的价值是由可用于调动分配和投资的未来净现金流量，以市场回报率贴现所得。

2.市场评估法

使用市场评估法或可比公司评估方法来制定评估指标时，评估公司通常会拿近期在公开市场上进行买卖的同类型公司作比较。

3.资产总值评估法

此方法又称为"净资产值评估方法"。它通过调整目标公司在评估日的最近期的资产负债表来反映公司现时的资产和负债的公正市价。企业的公正市价是由公司资产的公正市价减去现时的负债公正市价而得出的。

第六节　ERP电子沙盘模拟过程中应注意的事项

一、财务问题的重要性

企业的经营活动、破产危险都取决于企业的现金流活动，要在最大限度提高企业效益同时避免坍塌危险，就必须有准确的财务分析和预测。

二、竞争的不确定性

竞争是一种互动关系，竞争参与者的决策往往取决于环境的变化和竞争对手分析的结果。

三、战略目标的达成

SWOT分析很实用，不一定非得清晰地列出来，但起码要想想自己有什么、没有什么、喜欢什么、怕什么。

四、经营管理的复杂性

经营确实是一个非常复杂的过程，往往从经营计划到前提条件分析，再修订计划，再了解前提条件，经过销售部门—生产部门—研发部门—人力资源部门—财务部门，至少需要两次以上的循环讨论和互动过程，需要一系列缜密的分析和计算，对不同战略方案深入探讨，做出取舍，才能确保科学性和可执行性。

五、企业运作的思路和工具

在了解各种管理工作具体方法和内容的同时，也要注意思考部分工作在企业整体运作中的位置和影响，站在全局高度思考具体工作的方向。

六、产品研发的方向

产品研发的方向，不一定要盯着最大的市场，有时小市场的产品竞争者少，销售情况反而会更好。

七、企业运作的瓶颈

对企业运作的瓶颈部分，要做出特别激励，即使只是保证刚好完成任务，也是对企业具有很大贡献。一个工序（部门）产量（工作量）相同，采用不同的运作方式会对企业整体效益产生不同影响：如完成50%交付50%与全部完成一次性交付，对企业整体绩效影响很大。

八、人员要培训

人员培训要达到企业的要求，教学过程中专门设置了新招聘的员工必须培训1年才能上岗的规则。

九、跟随型公司策略

市场（品牌）领先者地位的取得需要付出非常高的成本，尽管这个地位可以给企业营销带来很大好处，但巨大的成本也可能把企业拖垮。例如，有些央视"标王"就因为高估这个领先地位能给企业带来的营销帮助，同时忽略了企业财务状况，导致经营失败。因此，采用跟随者战略，有时不失为一种理性的选择。

十、合作谈判

合作谈判一定要与对方企业的关键人物——能够保证决策权和合作进程的人排他性地进行，避免以为合作达成的时候恰恰是对方已经与其他方面达成了合作。

十一、信息的重要性

在市场竞争中，信息非常重要，了解对手的财务状况对于研判对手的实力和决策倾向具有极大帮助。

第二篇

ERP 电子沙盘软件

{第四章}
软件简介
{第五章}
软件安装和运行说明

第四章

软件简介

第一节　软件系统

一、软件概述

ERP实物沙盘以其独特的魅力席卷了高校管理类课程实验教学领域，但在高校教学中应用时暴露出来的缺陷也是不容忽视的。为此，长春博浪科技有限公司研制开发的企业管理实验教学系统ERP电子沙盘V2.0（以下简称ERP电子沙盘）含ERP实物沙盘、配套课件和电子沙盘，并于2007年12月获得国家版权局软件著作权登记证书（登记号2007SR19890）。ERP电子沙盘的问世，打破了目前市场上同类产品只有实物沙盘没有电子沙盘的局面，将ERP实物沙盘成功地"移植"到电脑上，实现了沙盘模拟实验教学的现代化、教学手段的多样化、教学资源的共享化和实验竞争的公平化。

二、软件说明

1.应用领域

ERP电子沙盘是财经类院校融合多学科专业知识为一体的综合实验教具，不局限于企业管理专业使用，也适用于财务管理、市场营销、国际贸易等专业。

ERP电子沙盘软件采用C/S模式，由教师机软件和若干台学生机软件构成，教师机和学生机在局域网内互联。由教师选择实验规则及实验参数，教师机将自动监控实验过程，学生模拟企业进行经营决策并在学生机上实施。

2.功能特点

ERP电子沙盘软件模拟出与现时相近的完整的企业经营的全过程，使学生犹如置身于真实的经营活动中。在模拟教学过程中，能够培养学生的思考能力和动手能力，为学生毕业后从事现实的经营管理活动提供自我反省和自我检验的机会。

第二节　软件结构

一、教师机与学生机关系

ERP电子沙盘软件由教师机（主机）和若干台学生机组成（如图4-1所示）。

图 4-1　教师机与学生机的关系

二、教师机功能模块图（如图 4-2 所示）

教师机					
实验管理	设置管理	进程管理	订单管理	统计分析	交互管理
新建实验	规则配置	开始实验	预测管理	会计报表	分配公司
打开实验	参数设置	暂停实验	订单生成	杜邦分析	消息交互
删除实验	状态设置	结账管理	订单导入	成绩评定	实验监控
退出实验	数据库	年度交接	订单导出		
	规则导出		竞标管理		
	规则导入		发放订单		
	规则打印		预测打印		
			订单打印		

图 4-2　教师机功能模块图

三、学生机功能模块图（如图 4-3 所示）

四、教师机：电脑一台

教师机运行的软件平台：

操作系统：Microsoft Windows 2000 Server / Server 2003。

数据库：Microsoft SQL Server 2000。

硬件要求：CPU Pentium 300MHz 以上，128M 以上内存，10G 以上硬盘，10M/100M 以太网卡。

学生机					
通信管理	规则管理	投标选单	业务操作	状态管理	统计分析
连接主机	规则监控	查看预测	图形界面	保存状态	会计报表
断开连接	规则查看	广告投标	业务提示	还原状态	杜邦分析
响应命令	规则打印	选取订单	业务操作		成绩评定
消息交互					
屏幕监视					

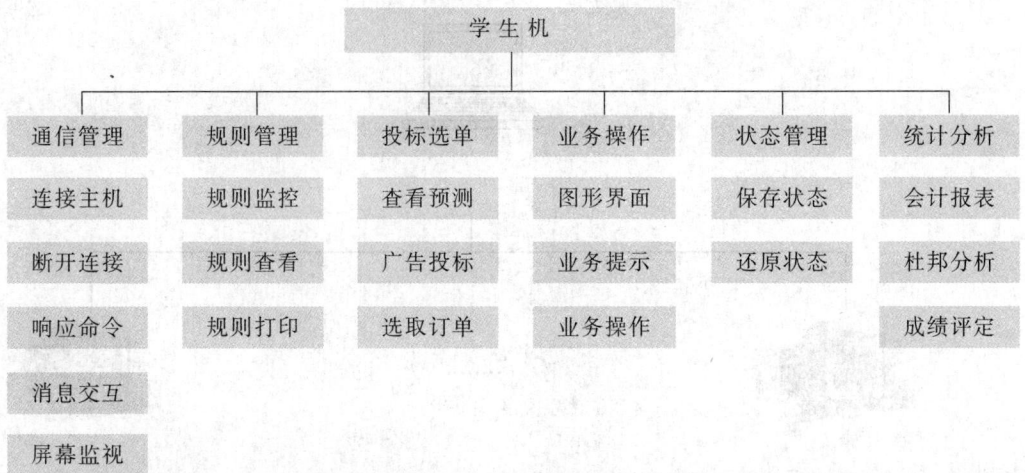

图 4-3　学生机功能模块图

五、学生机：电脑若干台

学生机运行的软件平台：

操作系统：Microsoft Windows 98/2000 / XP /2003。

硬件要求：Pentium 300MHz 以上 CPU，128M 以上内存，10G 以上硬盘，10M/100M 以太网卡。

六、联网

教师机和学生机在局域网内联网及运行。

第五章

软件安装和运行说明

第一节　软件安装

一、教师机安装

安装步骤如下：

（1）插入 USB 密钥。

（2）安装 SQL 数据库。

（3）教师机程序是绿色软件，无须安装，只要将教师机文件夹拷贝至硬盘，运行"教师机 .exe"即可。

（4）若要卸载教师机程序，直接删除该文件夹即可。

二、学生机安装

安装步骤如下：

（1）学生机程序是绿色软件，无须安装，只要将学生机文件夹拷贝至硬盘，运行"学生机 .exe"即可。

（2）若要卸载学生机程序，直接删除该文件夹即可。

第二节　教师机操作

一、教师机操作说明

1. 教师机按钮说明（如图 5-1 所示）

2. 教师机参数设置

运行教师机软件前，需要将本机 IP 地址设置为固定 IP，由于本系统通过 IP 地址来区分教师机和学生机，因此在实验结束前此 IP 地址不可以更改。首次运行教师机软件时将自动弹出参数设置窗口，单击取得本机 IP 按钮，将自动获取已设置好的本机 IP 地址。在用户名处填写已安装好的 SQL 数据库用户名与密码后单击"保存"按钮完成软件初始设置（如图 5-2 所示）。

3. 设置实验信息

单击"新建"按钮，弹出实验设定向导窗口。

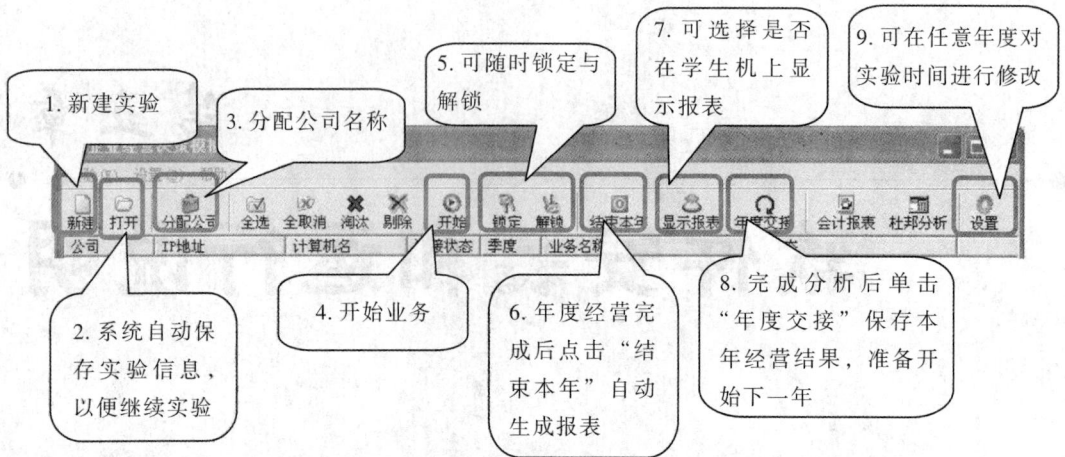

图 5-1　教师机按钮说明

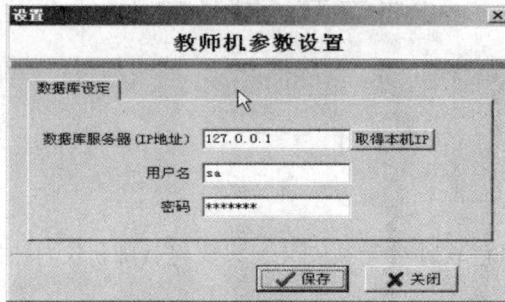

图 5-2　教师机参数设置

在实验类型选项中可选择练习、课程、比赛三种模式，可根据不同需要选择不同模式。

实验标题选项中可按实验班级进行填写，以便于成绩查找与案例整理。

实验组数选项可根据实际班级人数进行设置，实验组数不同，系统生成的市场需求量也会随着自动调整（如图 5-3 所示）。

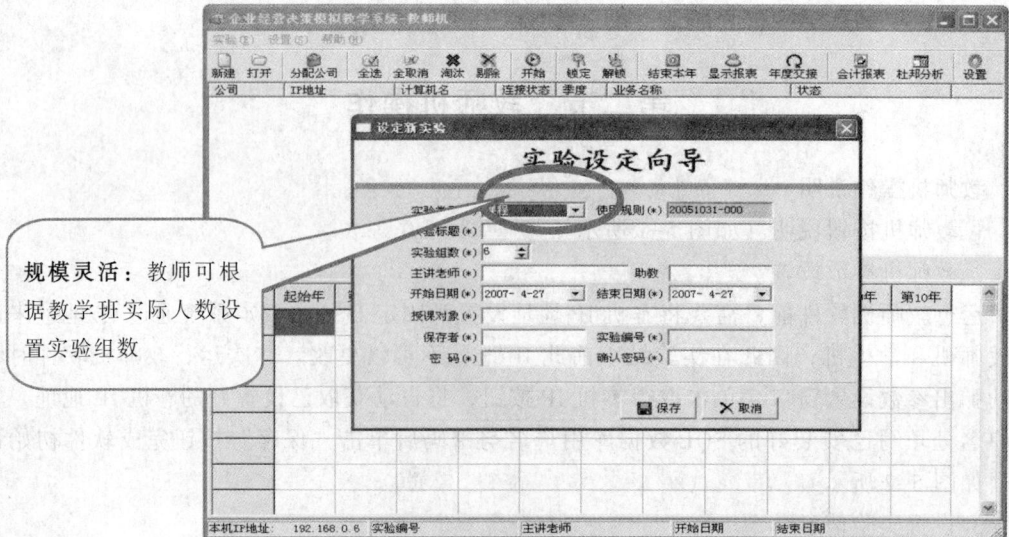

图 5-3　实验设定向导

4.设置实验规则与参数

系统对投标、选单、年度业务等环节均可分别设置时长，各模拟企业同步倒计时以保证实验进度一致，同时可以保证学生自我分析和教师点评的时间（如图5-4所示）。

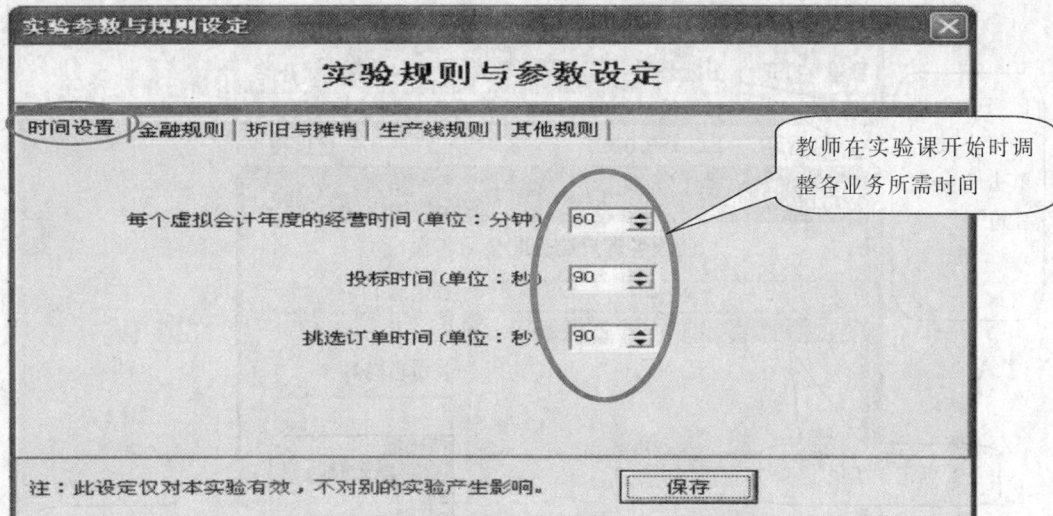

图 5-4　实验规则与参数设定——时间设置

教师可根据需要在实验课开始前对实验规则进行设置，满足不同的实验需求（如图5-5所示）。

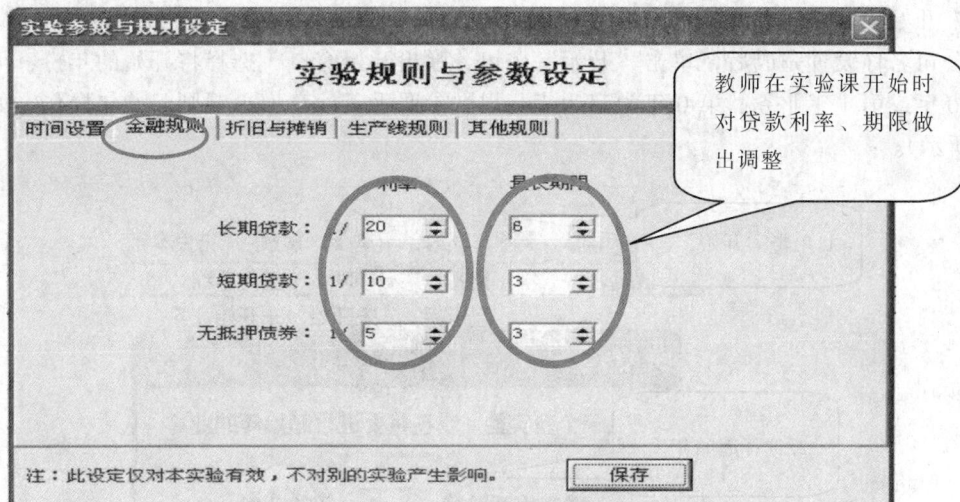

图 5-5　实验规则与参数设定——金融规则

5.与学生机互联

教师机设置完实验信息与参数后通知学生连接教师机。

如果有其他模拟小组学生机误连接，可以在选择该小组学生机地址后单击"剔除"按钮。

6.分配公司

当全部学生机连接完成后需要为各组学生分配公司名称，可分配的公司数不能超过学生组数。

单击"分配公司"按钮，弹出分配公司窗口，在左侧选择学生机的 IP 地址后单击右侧公司名称下拉按钮，顺序分配公司名称（如图 5-6 所示）。

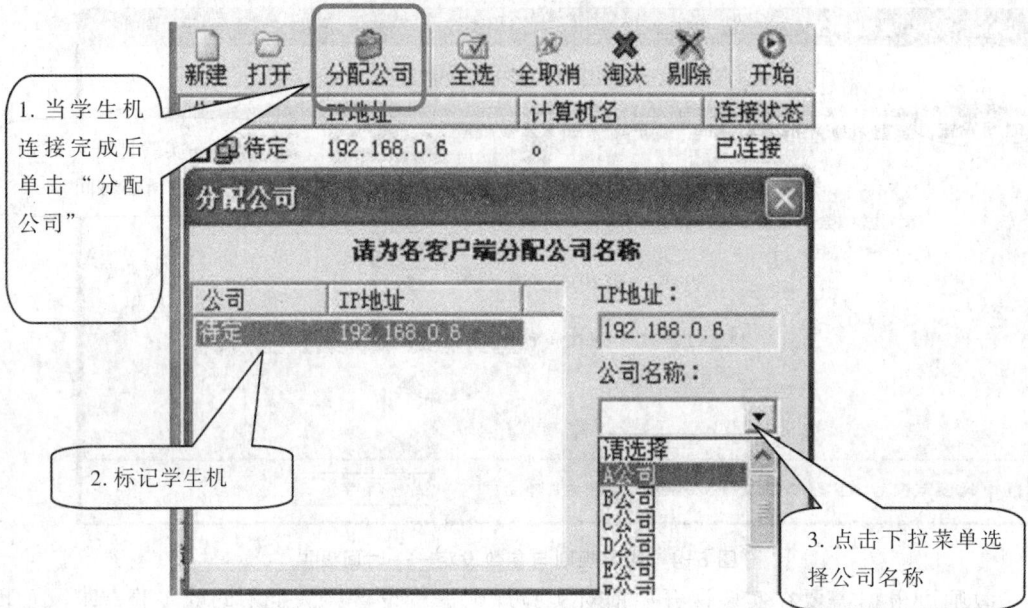

图 5-6   分配公司

7. 开始实验

公司名称设置完成后，单击"开始"按钮，弹出开始窗口，选择将开始的年份，可选择第 0 年或第 1 年业务。第 0 年为起始年，规则参照手工沙盘模拟规则起始年操作（如图 5-7 所示）。

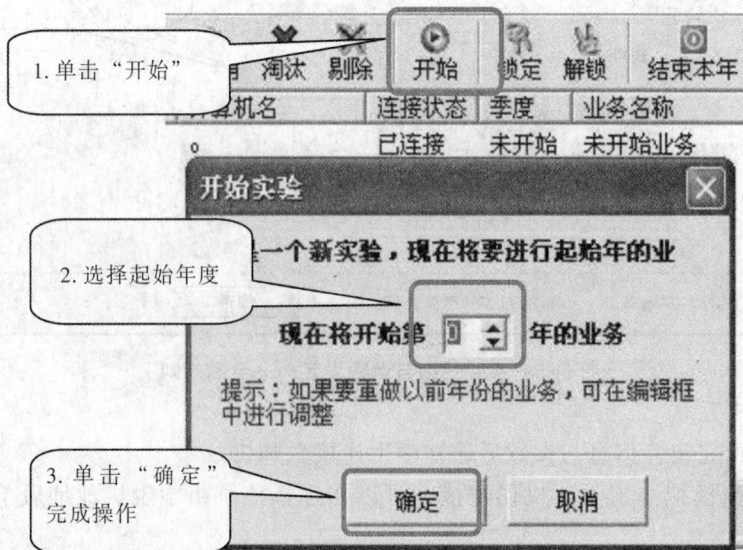

图 5-7   开始实验

（1）市场模型与订单生成。博浪 ERP 电子沙盘的市场模型能在一定范围内随机模拟出不同的市场情况并生成不同的市场订单，同时引入政治、经济和自然灾害对市场的影响，依据此模型动态生成的订单使每次模拟实验都有新意，增加了实验的挑战性和趣味性。

确定需调整的市场与产品后，可根据模拟课程的实际需要进行总体上调或总体下调。也可对其中某一产品的需求量或价格进行调整。教师机调整完成后，将自动生成未来3年的商业预测表格并发送至学生机，预测表包括未来3年产品需求量、价格趋势表格与最低价格（如图5-8所示）。

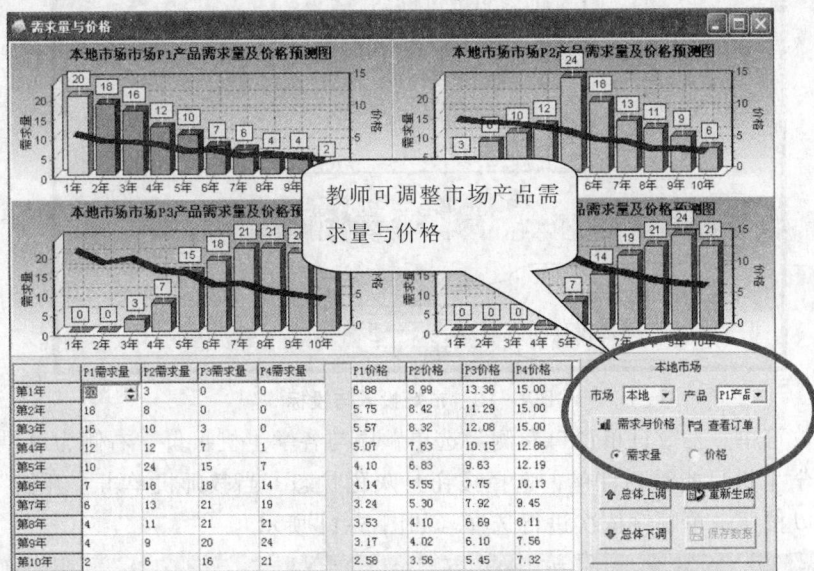

图5-8　市场模型与订单生成

（2）支付应付税金。支付所得税税金时系统将自动从现金中扣除，当现金余额不足以支付时将自动弹出融资窗口。在支付完所得税税金后应留出5~10分钟的时间让学生讨论市场行情（如图5-9所示）。

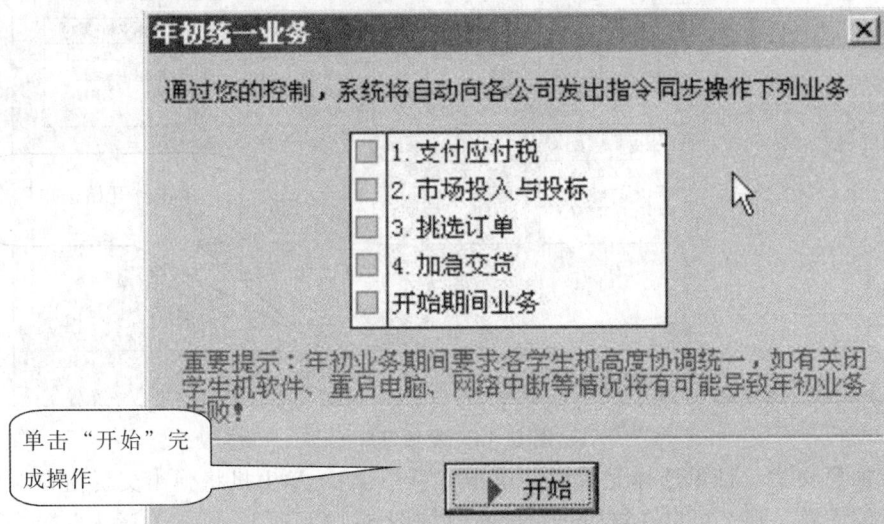

图5-9　支付应付税金

（3）市场投入与投标。市场投入与投标学生为自己产品确定销售价格与投放广告费数额的过程。单击"下一步"，学生机电脑将自动弹出报价窗口，价格单位为百万。当全部学生机填写完报价后，单击"下一步"开始发放订单（如图5-10所示）。

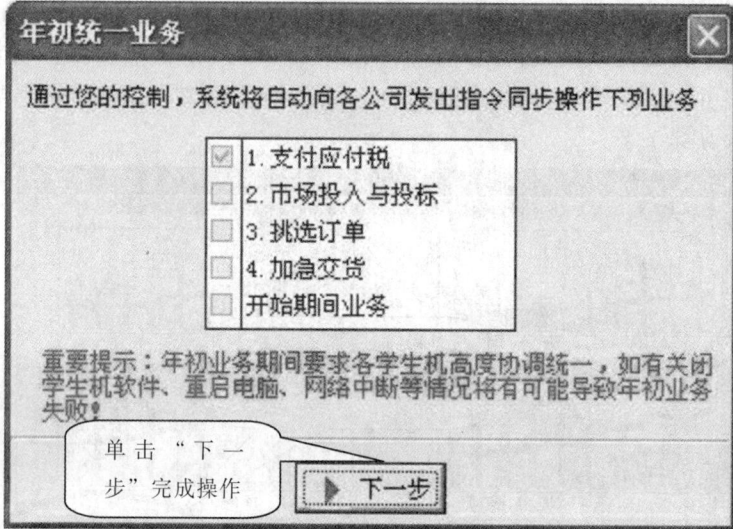

图5-10　市场投入与投标

（4）发放订单。发放订单窗口左侧为选单顺序与各学生机报价，右侧为可供选择的订单。此时，学生机只能看到订单，选择按钮是灰化状态，当教师机单击"开始"选单后，学生机才可以按照选单顺序依次进行选择（如图5-11所示）。

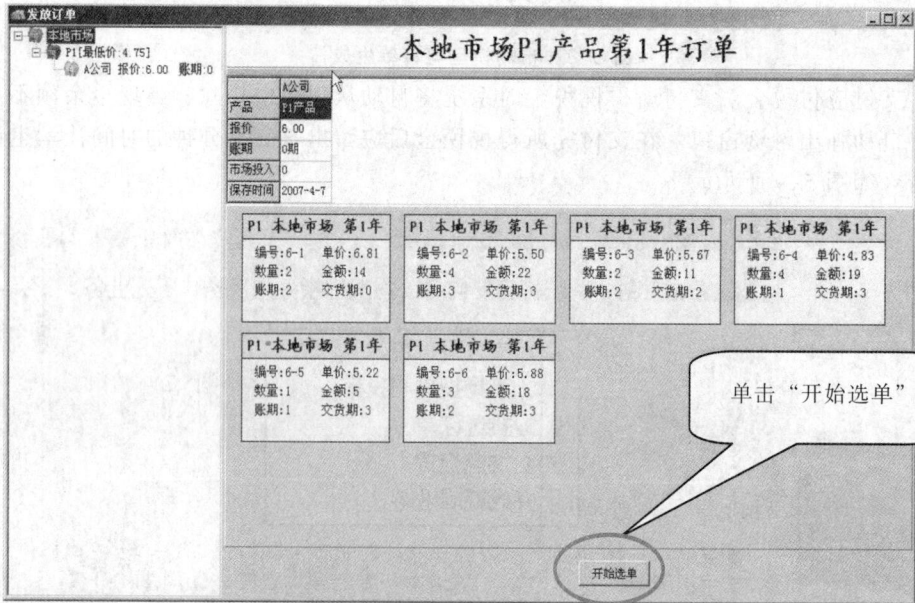

图5-11　发放订单

（5）加急交货。订单选择完成后，单击"下一步"，学生机将弹出交货窗口，如果学生机有足够库存，那么可以在这时进行交货（如图5-12所示）。

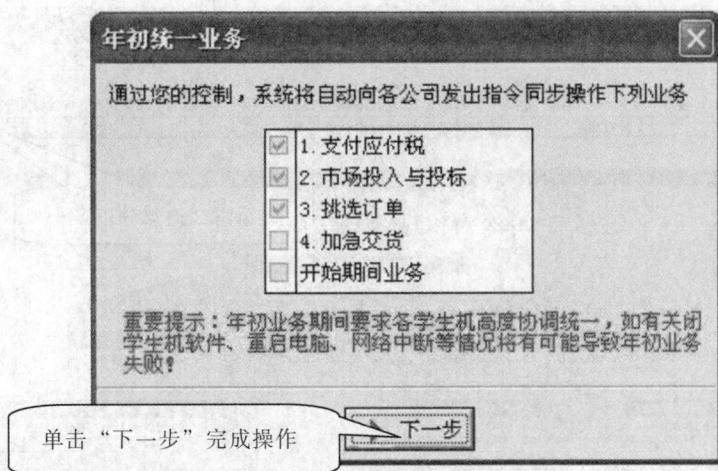

图 5-12　加急交货

（6）开始期间业务。加急交货完成后，单击"下一步"，开始期间业务，到此年初业务全部结束，系统将在每一期期初自动保存状态，学生如果操作失误，可选择相应期数还原重做（如图 5-13 所示）。

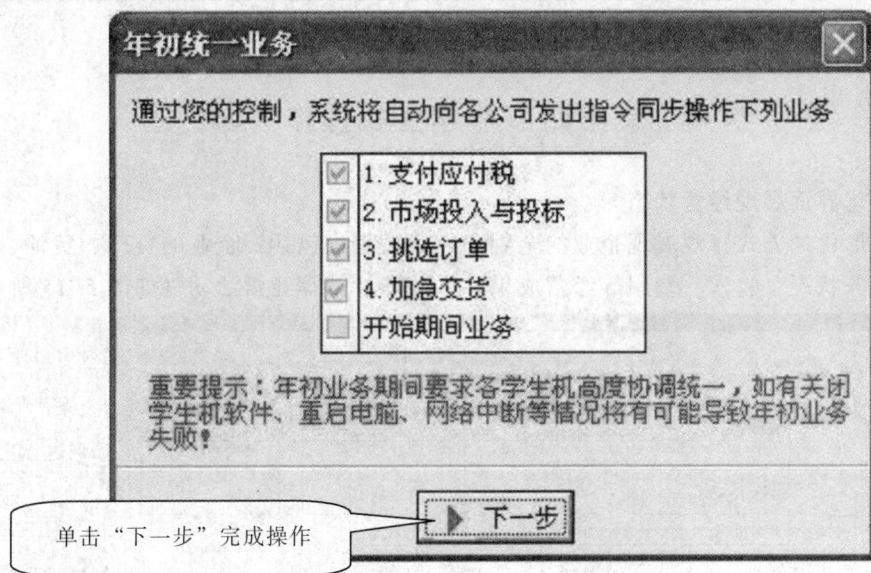

图 5-13　开始期间业务

第三节　各项指标分析

当学生机操作完成并生成报表后，教师机可查看各公司的各年度会计报表，右键单击"净利润与所有者权益表"，可打开利润表与资产负债表。

单击"杜邦分析"按钮可以打开目标公司的杜邦分析表，系统自动计算各项财务指标数据，分析结果可表现为文字和图形，以方便教师点评工作（如图 5-14 所示）。

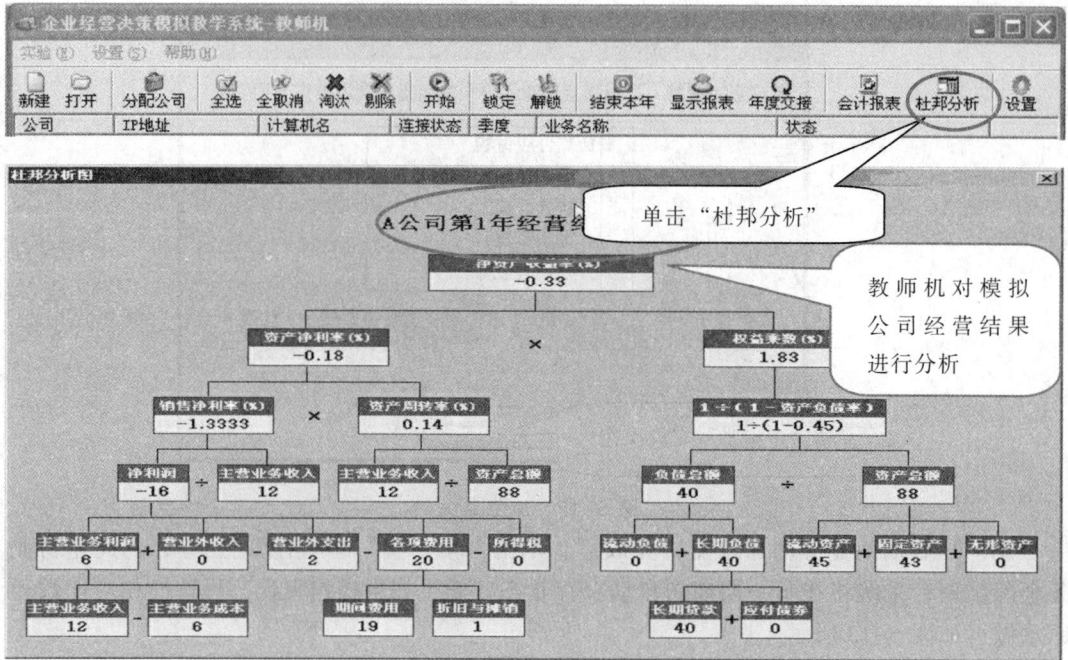

图 5-14　杜邦分析结果

第四节　学生机操作

一、图形化界面展现经营状态

用图形化的方式直观展现企业的全貌和经营过程，包括：企业的资产、负债、所有者权益等财务状况，收入、费用等经营成果，供、产、销等经营活动（如图 5-15 所示）。

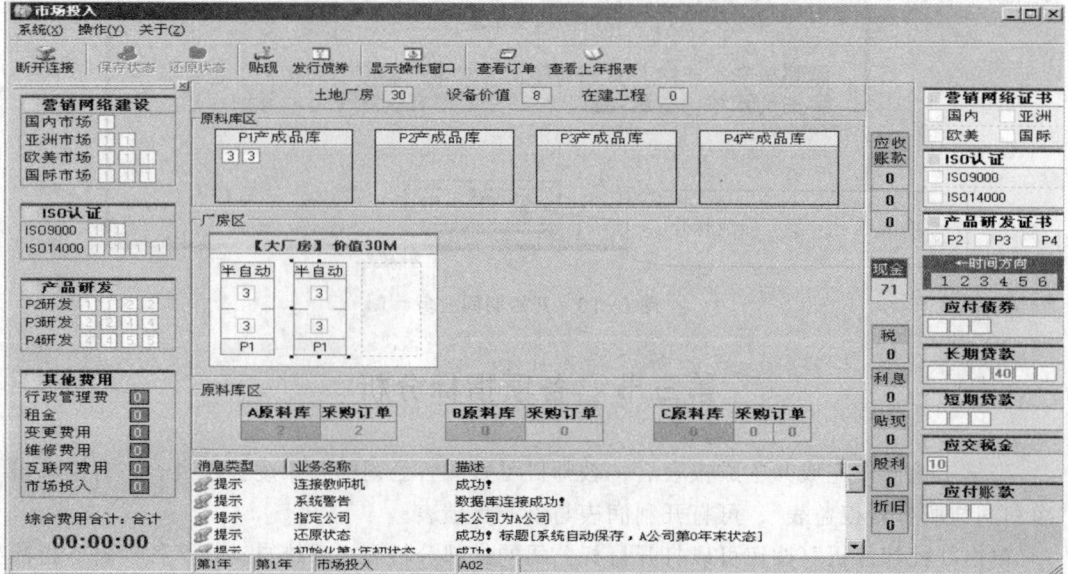

图 5-15　图形化界面展现经营状态

二、学生机操作

1. 连接教师机

在教师机设置完毕并弹出连接教师机窗口后，单击学生机"连接教师机"按钮。在弹出的 IP 地址窗口中选择本组实验的教师机 IP 地址并单击"连接"按钮。连接完成后将弹出提示"数据库连接成功"的提示（如图 5-16 所示）。

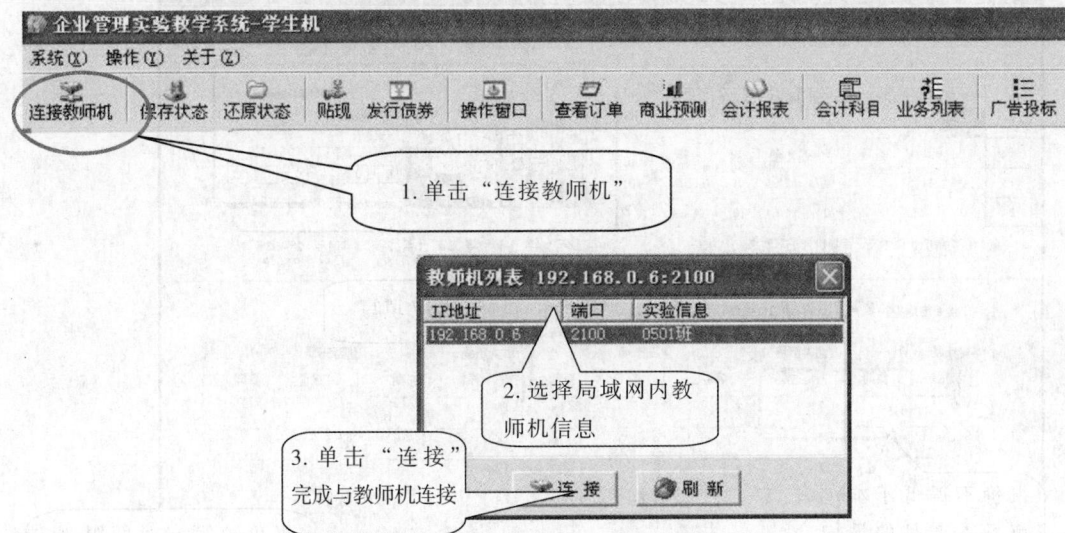

图 5-16 连接教师机

2. 查看商业预测信息

在教师机发送指令"支付税金"后，学生机可单击"商业预测"按钮，查看未来三年各个市场产品需求及价格走势（如图 5-17 所示）。

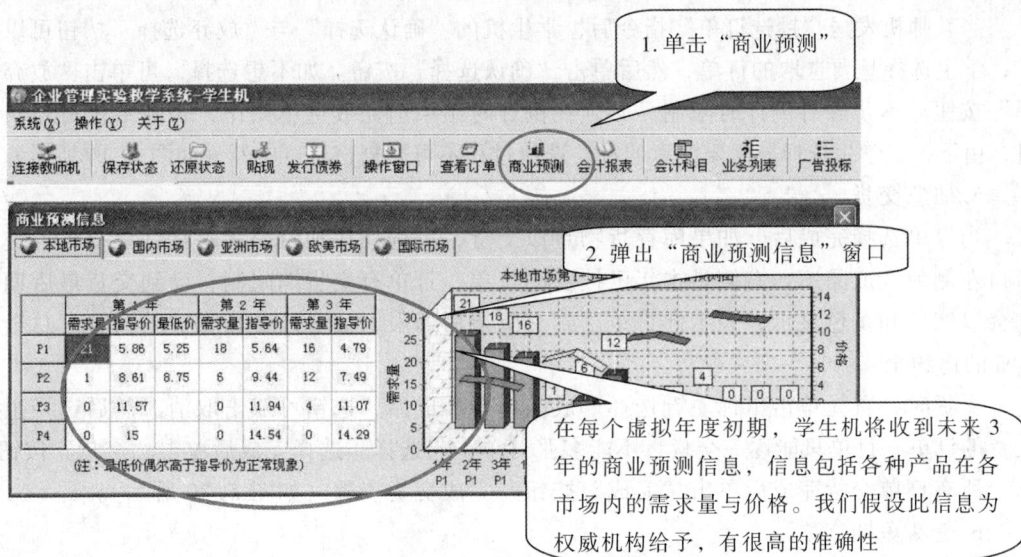

图 5-17 查看商业预测信息

3. 市场投入

当教师机发送"市场投入与投标"指令后，学生机将自动弹出广告与投标窗口，窗口上半部分是商业预测，下半部分是广告与投标数据输入区，默认输入的是广告费（允许不投，可空着不填）。输入完成后切换到投标窗口，可以针对各市场内各种产品报价。产品价格输入完成后，单击"提交"按钮提交。本步骤有倒计时限制，必须在倒计时结束前提交，否则系统将强制提交，这时没有输入报价的将放弃报价（如图5-18所示）。

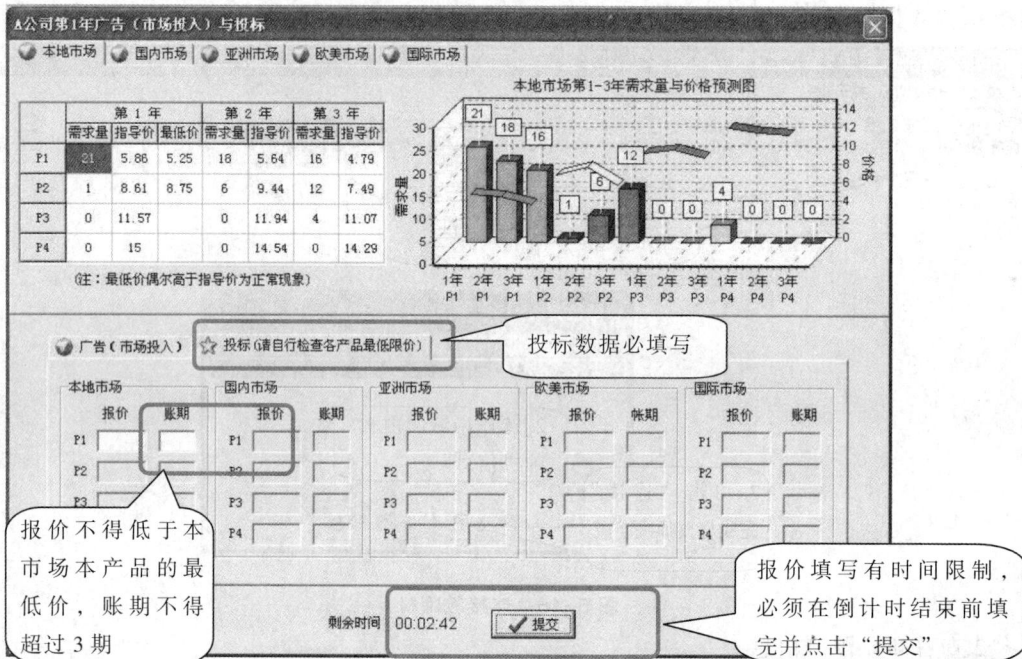

图5-18　市场投入

4. 挑选订单

当教师机发送"挑选订单"指令后，学生机的"确认选择"与"放弃选择"按钮可以操作，学生选择想要选取的订单，然后单击"确认选择"按钮。如不想选择，可单击"放弃选择"按钮。本步骤有倒计时限制，必须在倒计时结束前完成选单操作，否则系统将强制略过，由下一组学生选择。需要注意的是，选单过程不可恢复，不可中断（如图5-19所示）。

5. 加急交货

当订单选择完成后，如果库存货物足以交货，可选择在加急交货时将订单交付。交货窗口左侧为产成品库，右侧是本年已接受的订单，订单有交货期限制，已到交货最后期限则会以红色和黄色显示，表示此订单已到交货最后期限，如不能交货将被处罚订单总金额20%的违约金。

交货时，首先单击鼠标左键选择产成品库中产成品，选错可双击取消。然后选择想要交货的订单，订单只能逐一交货，不能多张订单一起选择。选择完成后单击"交货"按钮。

所有订单交货完成后单击"完成"按钮，完成交货步骤（如图5-20所示）。

6. 更新短期贷款

更新短期贷款是期间业务的第一步，单击"下一步"按钮开始更新，如果模拟企业此时已有短期贷款，则已有的短期贷款向现金方向移动一格，表示距还款期又近了一期（如图5-21所示）。贷款移至现金栏中时需还本付息。短期贷款利率为10%。

假设 A 公司报价为 7，账期为 1，如果选择此订单时，此订单价格仍为 6.08,账期仍为 2 期

各市场各产品的选单顺序及公司报价与账期

以此订单为例，A 公司报价为 5.89，账期为 3 期，如果选择这张订单的话，那么此订单的单价将自动改为 5.75，账期为 3 期

选择订单有时间限制，必须在倒计时结束前完成并点击"确认选择"；如果不想在本市场选单，可点击"放弃选择"

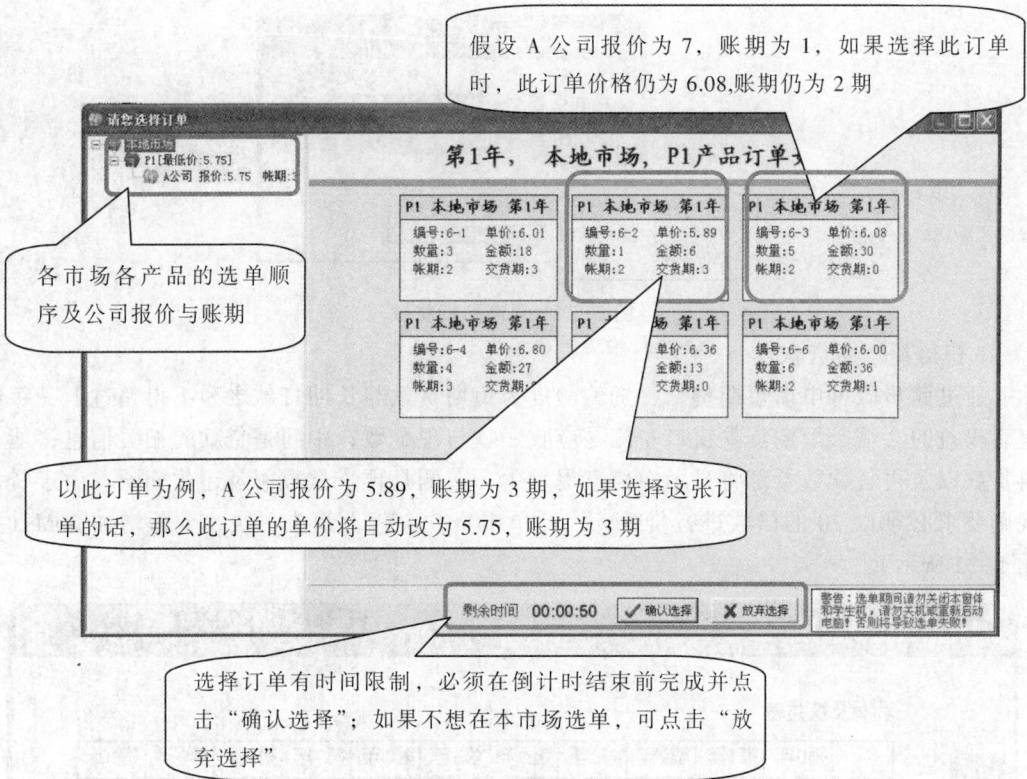

图 5-19 挑选订单

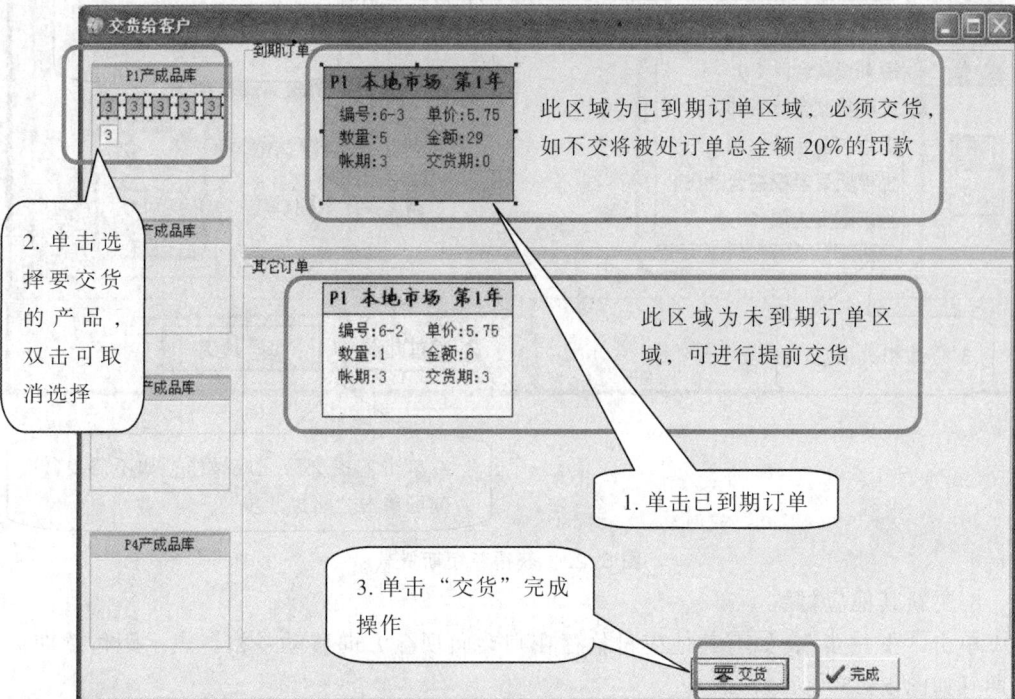

此区域为已到期订单区域，必须交货，如不交将被处订单总金额 20% 的罚款

2. 单击选择要交货的产品，双击可取消选择

此区域为未到期订单区域，可进行提前交货

1. 单击已到期订单

3. 单击"交货"完成操作

图 5-20 加急交货

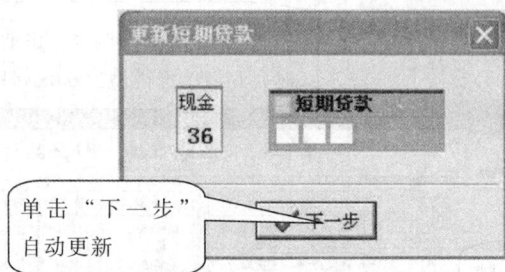

图 5-21　更新短期贷款

7.获得新短期贷款

通过此步骤可申请短期贷款，贷款额度为短期贷款与长期贷款之和不得超过上一年所有者权益的 2 倍。短期贷款窗口左侧是应收账款与现金数；中间是贷款的相关信息，能否再贷款以及再贷款数量都将显示在信息提示中；右侧是再贷款数额及还款期限。由于贷款规则要求必须以 20 的倍数进行贷款，因此单击贷款金额上箭头一次，金额增加 20M（如图 5-22 所示）。

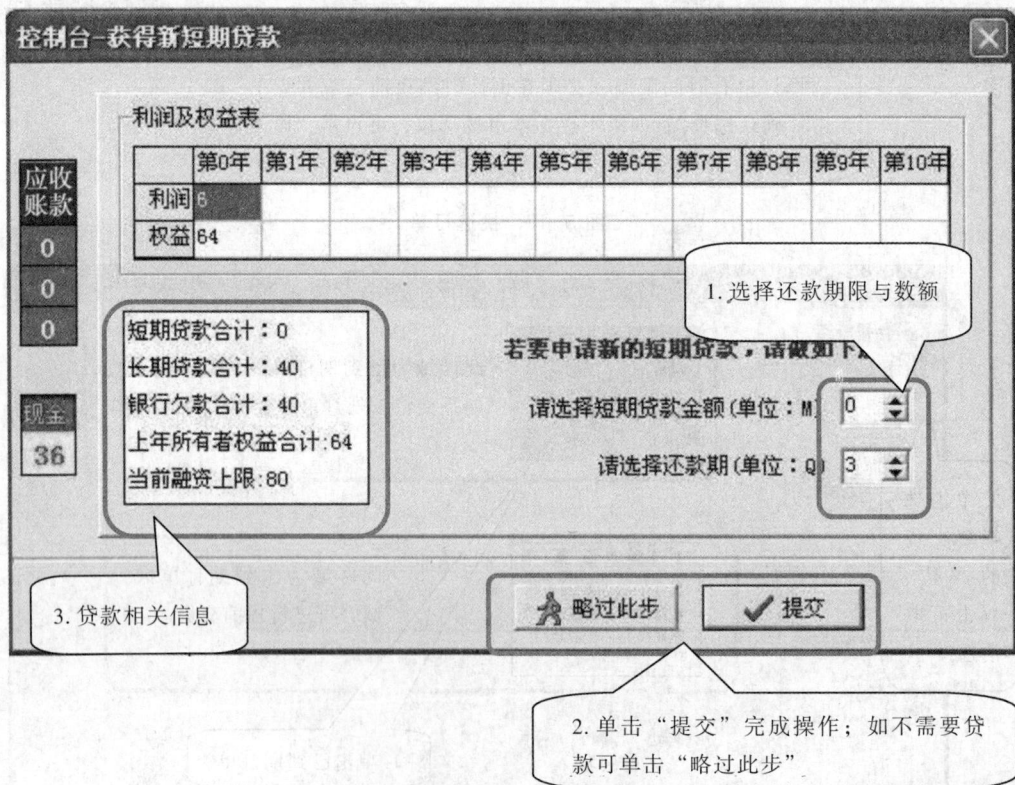

图 5-22　获得新短期贷款

8.更新其他应付款

单击"下一步"，如有其他应付款存在则会向现金方向移动一格，表示距付款期近了一期（如图 5-23 所示）。

图 5-23　更新其他应付款

9.更新原材料订单

已有的原材料订单按规则要求必须照单接收，不得退订、少订或补订。更新原材料订单窗口左侧是应收账款与现金数，中间是物料清单，右侧是已下的原材料订单数量。单击"开始更新"按钮，原材料订单将自动更新到原材料库中，同时从现金中减去相应金额（如图 5-24 所示）。

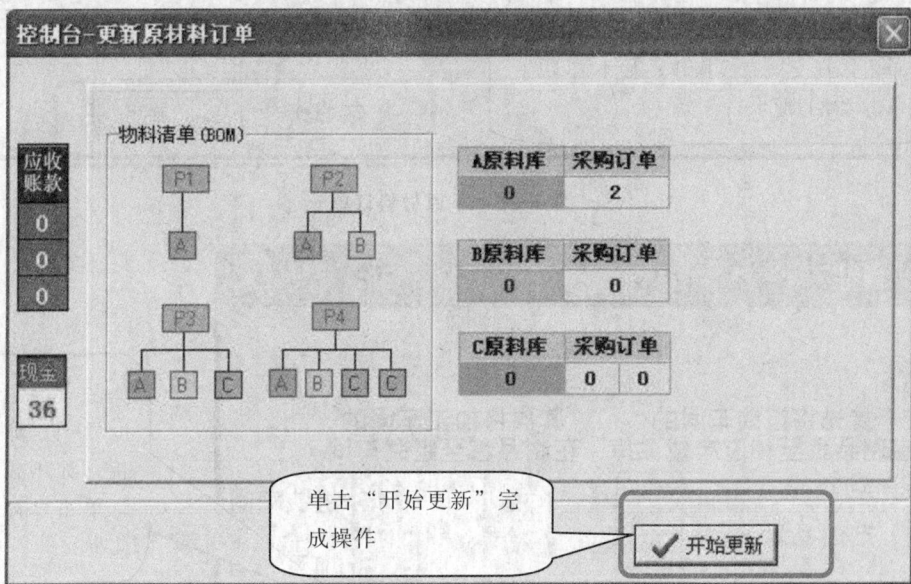

图 5-24　更新原材料订单

10.下原材料订单

下原材料订单窗口左侧是应收账款与现金数，中间是物料清单，右侧是计划采购原材料的数量。A、B 原材料采购提前期为一期；C 原材料采购提前期为两期。在采购订单窗口中输入计划采购的原材料数量，并单击"提交"按钮。在下原材料订单过程中不需支付原材料采购费用，如不需采购则单击"略过此步"按钮（如图 5-25 所示）。

11.更新生产

更新生产是将生产线上在制品继续加工生产，在制品由加工车间完成加工并进入组装车间进行组装，组装车间的在制品下线至产成品库。单击"完成此步"按钮将自动更新，如果不需要更新则单击"略过此步"按钮（如图 5-26 所示）。

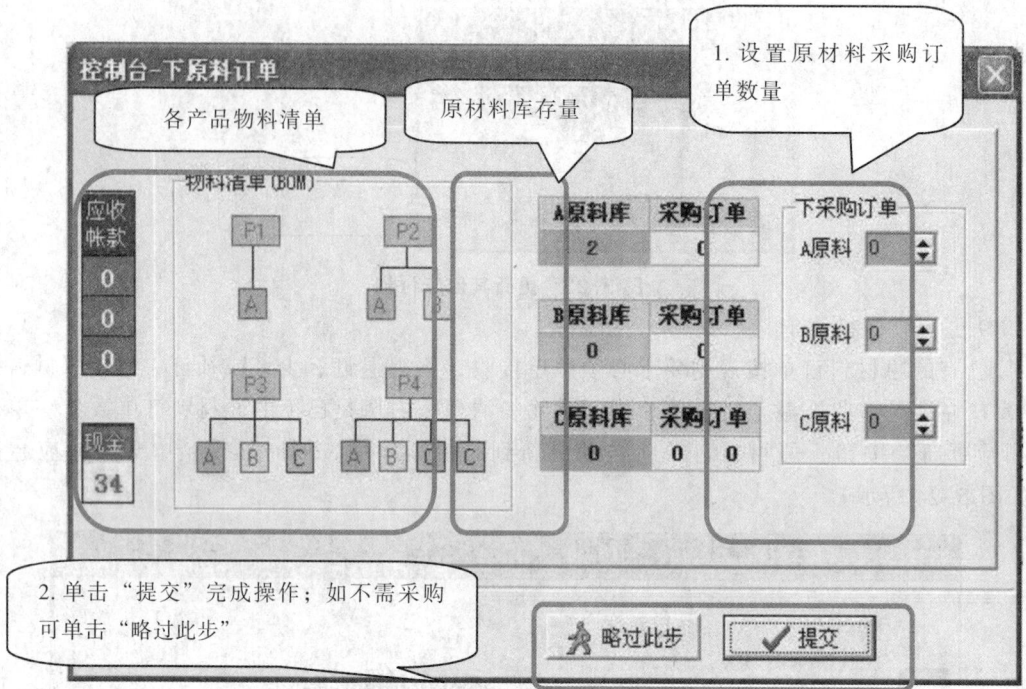

图 5-25　下原材料订单

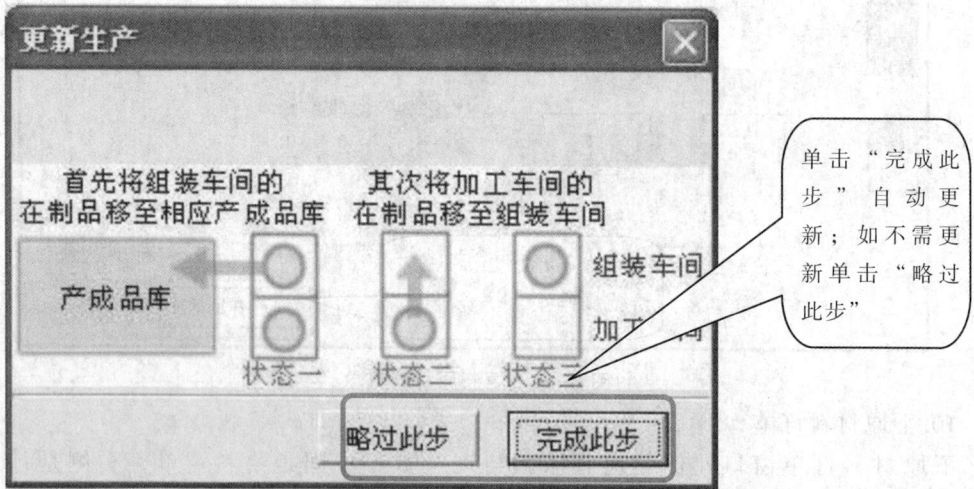

图 5-26　更新生产

12. 处置生产线

现有生产线如需出售，可在此步单击想要出售的生产线，但此时生产线上不能有在制品，且处于可生产状态，非普通状态不能出售。出售所得款项计入营业外收入（如图 5-27 所示）。

13. 新建生产线

在厂房的空余位置新建生产线，首先选择计划新建的生产线类型，然后选择计划生产的产品类型，最后再单击厂房的空余位置来确定在哪里建设。如果不需要新建可单击"略过此步"按钮（如图 5-28 所示）。本步骤可重复操作。

单击要出售的生产线即可完成出售操作

图 5-27　处置生产线

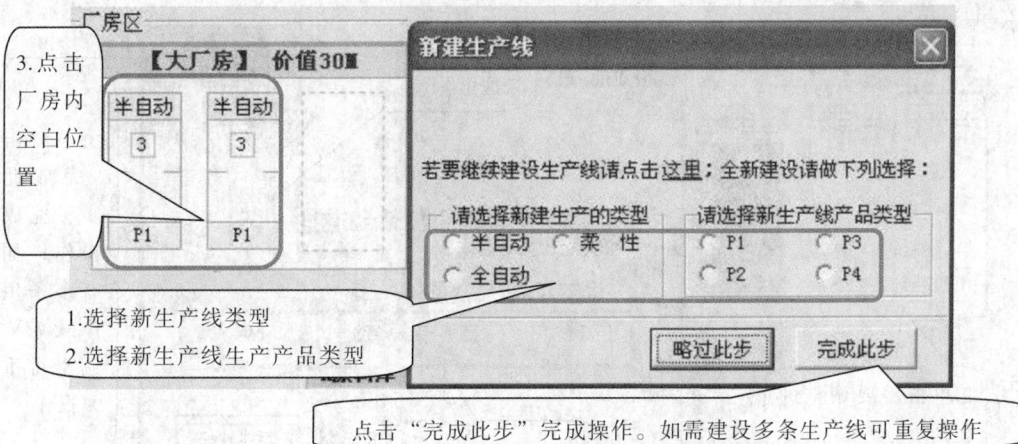

3.点击厂房内空白位置

1.选择新生产线类型

2.选择新生产线生产产品类型

点击"完成此步"完成操作。如需建设多条生产线可重复操作

图 5-28　新建生产线

14. 继续建设生产线

如果模拟企业有在建的生产线，则单击新建生产线窗口第一行字中的"这里"两字，然后再单击想要继续建设的生产线完成操作（如图 5-29 所示）。本步骤可以重复操作。

15. 生产线调整

对于半自动生产线与全自动生产线，变更生产线生产产品类型需要在生产线调整步骤中进行调整。首先在生产线调整窗口中选择计划变更的产品类型，其次单击计划变更的生产线，此时被变更的生产线必须是空闲的普通状态。如有多条生产线需要调整，本步骤可以重复操作。如果有正在调整中的生产线，则单击"这里"两字，继续调整（如图 5-30 所示）。

16. 产品上线生产

对于全自动或柔性生产线来说，如果有减产的需要，可选择"半负荷生产"，这时生产线只上线一个产品。如果不需要减产，可选择"满负荷生产"，这时一次上线两个产品。对于半自动生产线来说，不管选择满负荷生产还是半负荷生产，都是上线一个产品。如果两个选项都不选，系统默认半负荷生产。完成后单击"完成此步"按钮（如图 5-31 所示）。

图 5-29 继续建设生产线

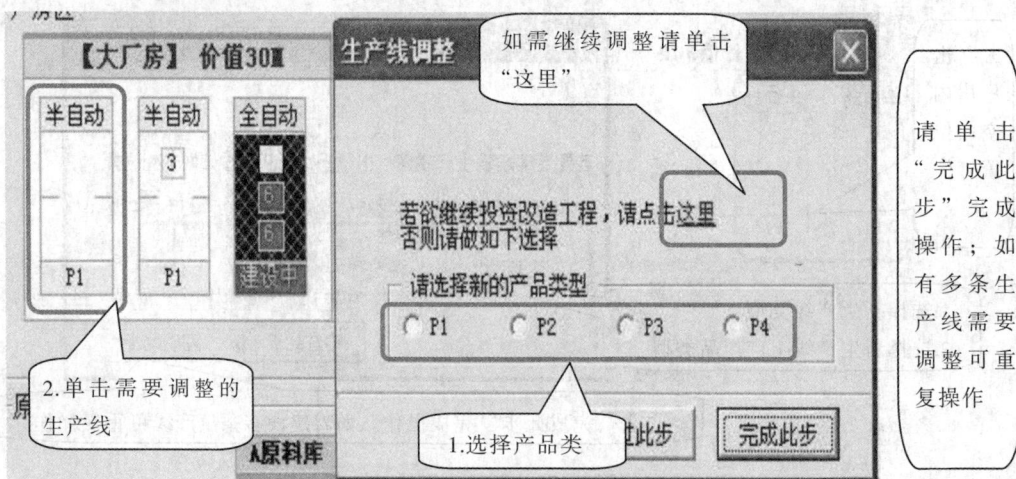

图 5-30 生产线调整

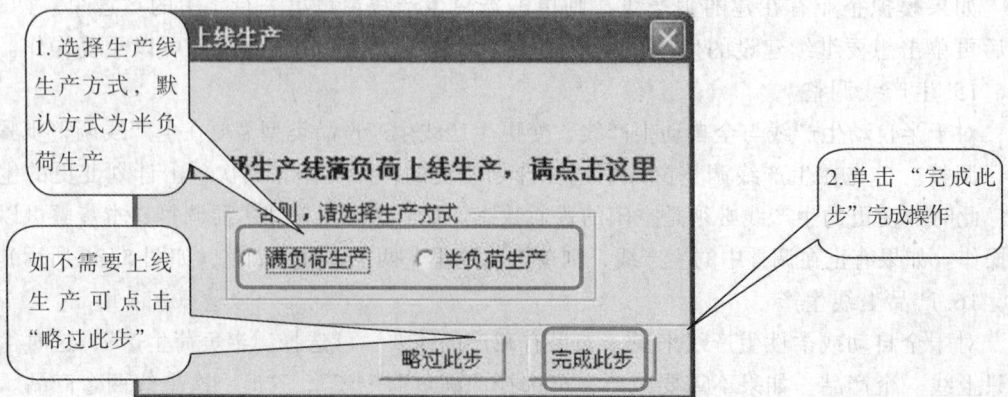

图 5-31 产品上线生产

17. 投资产品研发

在此步骤可选择计划研发的新产品，研发窗口左侧是应收账款及现金数，中间是物料清单，右侧是计划投资研发区域，只需要在计划研发的产品前进行标记就可完成投资。投资完成后单击"提交"按钮（如图 5-32 所示）。

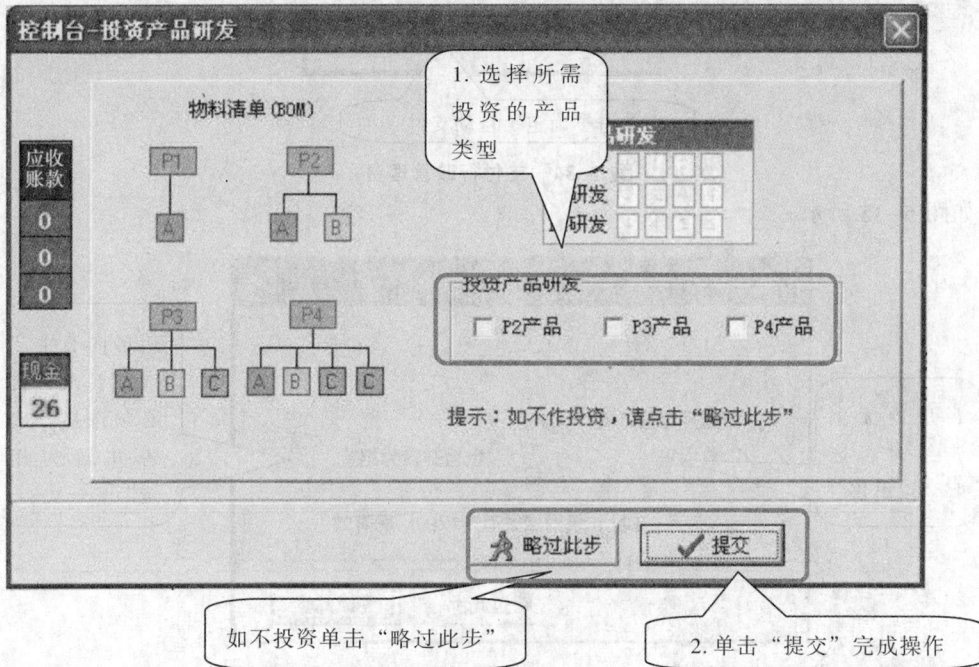

图 5-32　投资产品研发

18. 更新应收款

单击"下一步"按钮自动更新应收款（如图 5-33 所示）。

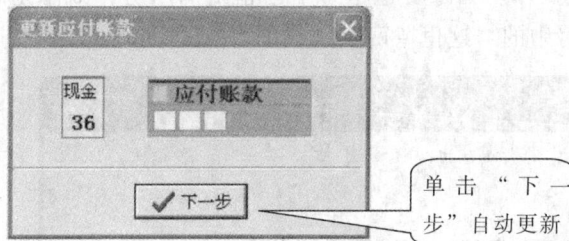

图 5-33　更新应收款

19. 支付行政管理费

行政管理费是每期都要支付 1M 的固定费用，单击"确定"按钮自动支付（如图 5-34 所示）。

20. 出售厂房

出售厂房是年末业务第一步，不使用的厂房可以在此时选择出售。如果厂房中没有生产线，可以选择"仅出售"，出售后此厂房即消失；如果厂房中有生产线，必须选择"出售并转为租赁"选项。无论是"仅出售"还是"出售并转为租赁"，选择完成后都要在计划出售的厂房上方单击鼠标左键。单击"完成此步"按钮后，厂房由自有状态改为租赁状

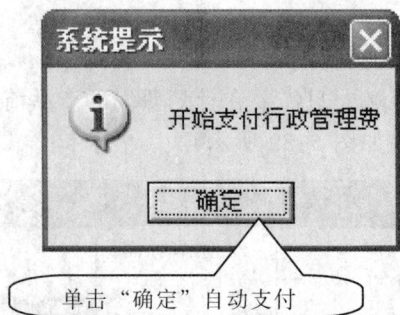

单击"确定"自动支付

图 5-34 支付行政管理费

态（如图 5-35 所示）。

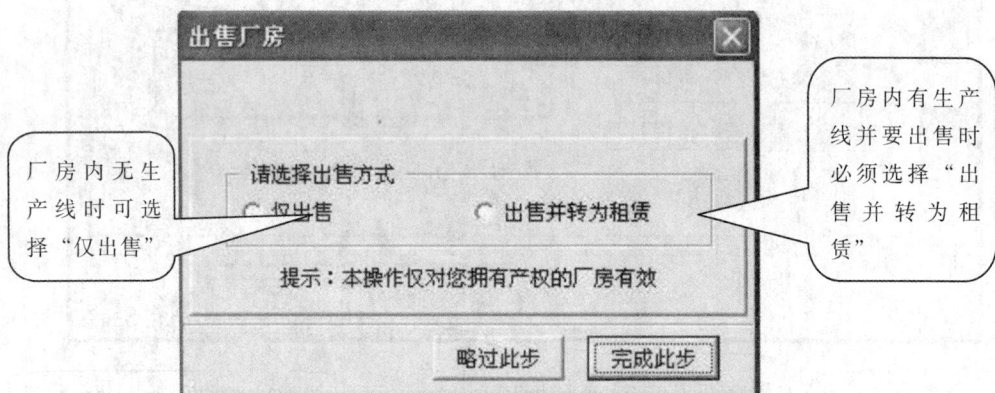

厂房内无生产线时可选择"仅出售"

厂房内有生产线并要出售时必须选择"出售并转为租赁"

图 5-35 出售厂房

21. 租赁厂房

如果要租赁厂房，则需先选择确定厂房类型，然后单击"这里"两字确认，最后单击"完成此步"按钮完成操作。如果要退租一个已租赁的厂房，则需先确定厂房中没有生产线，然后单击退租厂房中的"这里"两字（如图 5-36 所示）。

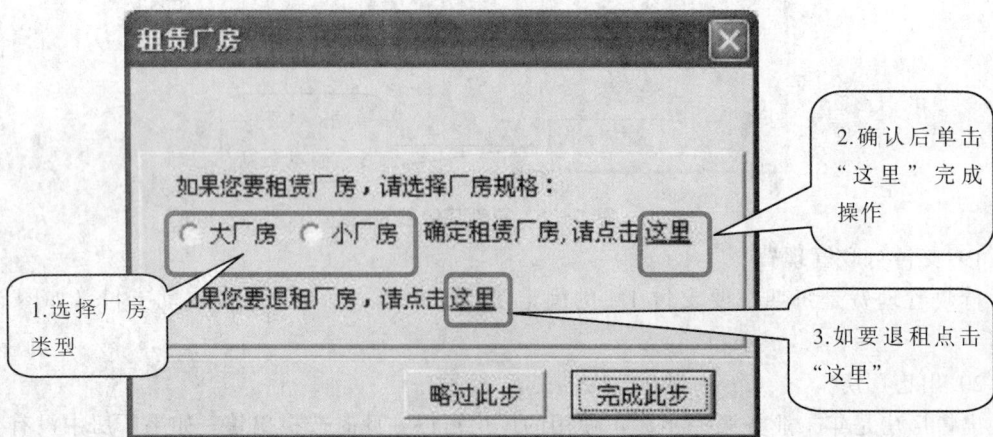

2.确认后单击"这里"完成操作

1.选择厂房类型

3.如要退租点击"这里"

图 5-36 租赁厂房

22. 购买厂房

首选选择厂房类型，再单击厂房类型后的"这里"两字加以确定；如果要购买一个已经租赁的厂房，则单击窗口最下方一行字中的"这里"两字确认（如图 5-37 所示）。

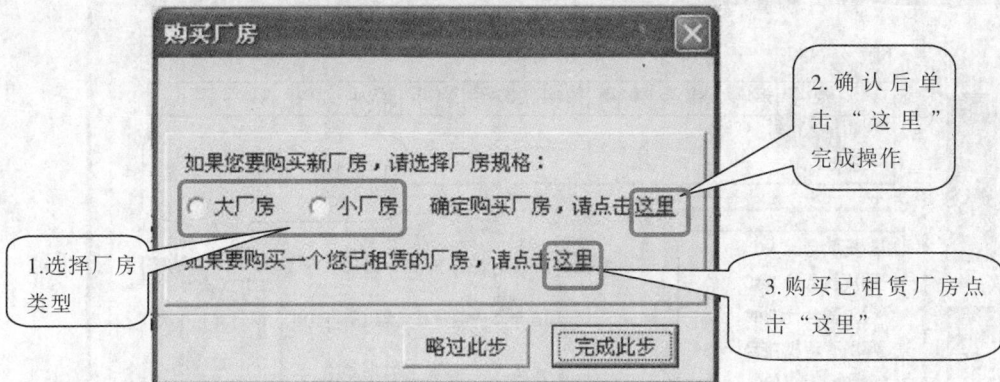

图 5-37 购买厂房

23.支付长期贷款、应付债券利息

支付长期贷款与应付债券的利息，单击"确定"自动扣除（如图 5-38 所示）。

图 5-38 支付长期贷款利息

24.更新长期负债

更新长期负债，长期贷款或债券将向现金方向移动一格，当其移动至现金中时需归还本金。单击"开始更新"按钮，长期负债将自动向现金方向移动一格（如图 5-39 所示）。

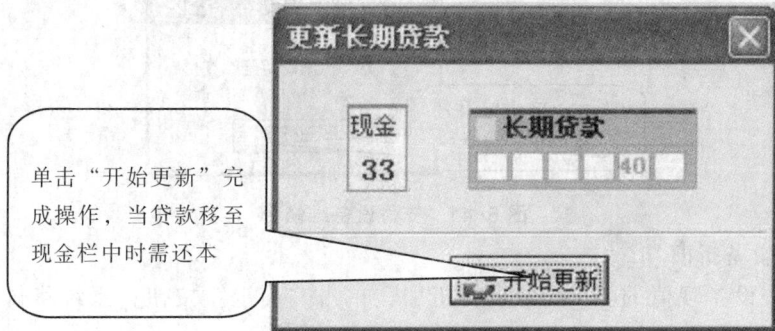

图 5-39 更新长期贷款

25.获得新长期贷款

可向银行申请新的长期贷款，窗口左侧是应收账款及现金数额，中间为贷款信息，能否贷款及具体贷款数额可参考"当前融资上限"项目显示的数额（贷款数量的计算与获得短期贷款相同）。右侧是贷款金额与还款期限设置，默认还款期限为 6 年（如图 5-40 所示）。

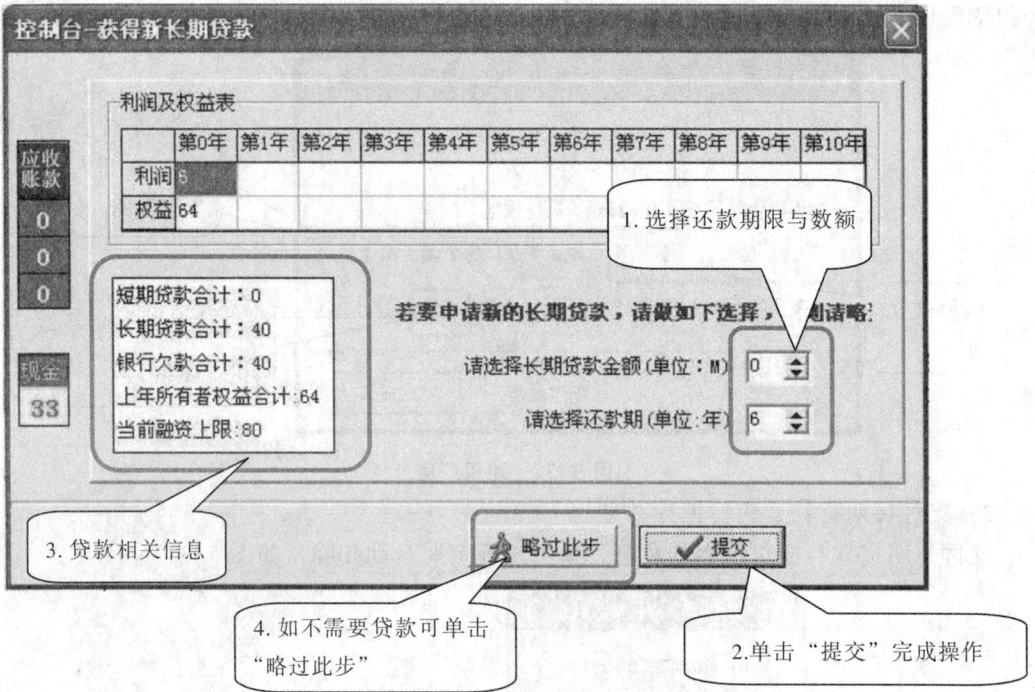

图 5-40   获得新长期贷款

26. 支付设备维修费

当年每条使用过的生产线都要支付 1M 设备维修费，如果生产线变更、出售或全年停产可以不付维修费。此费用为固定费用，不能改变。单击"确定"按钮，系统将自动扣除维修费（如图 5-41 所示）。

图 5-41   支付设备维修费

27. 机器设备折旧

系统将按设备现值的 1/5 提取设备折旧，单击"确定"按钮，系统将自动扣除折旧（如图 5-42 所示）。

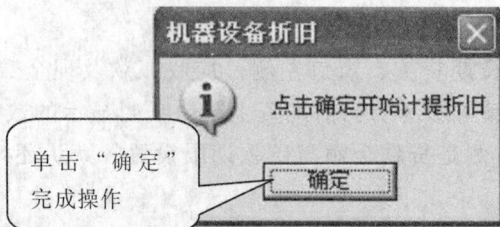

图 5-42   机器设备折旧

28.营销网络建设

营销网络建设是开拓新市场的前提。窗口左侧是应收账款及现金数额，中间是物料清单，右侧是计划开拓的市场，只要在计划开拓的市场前单击鼠标左键进行标记即可，各市场间没有任何联系，仅是四个不同市场，开拓时也没有先后顺序，可同时开拓也可任意选择开拓。操作完成后，单击"提交"按钮确认（如图5-43所示）。

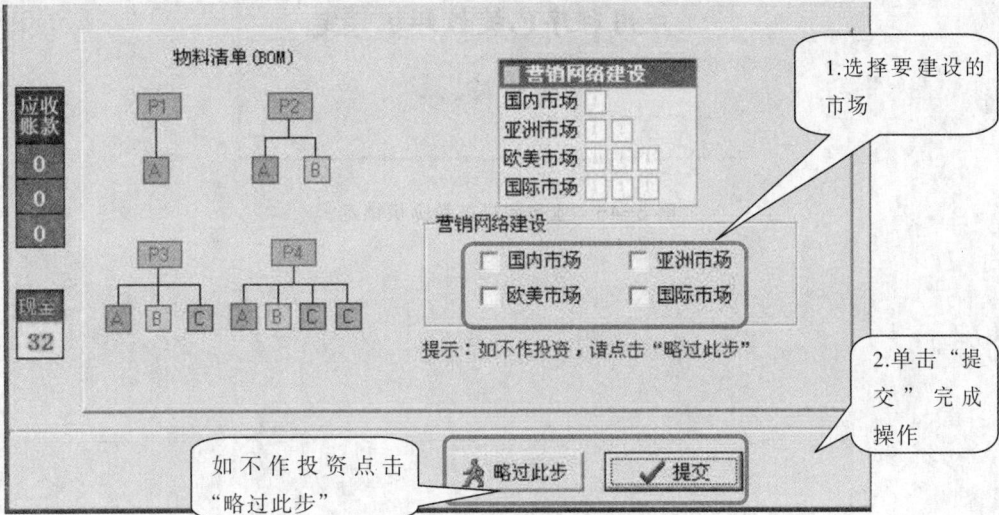

图5-43　营销网络建设

29.ISO认证

本系统共虚拟了两种认证体系，其中，ISO 9000为质量认证，ISO 14000为环保认证，在计划开展的认证前单击鼠标左键进行标记即可。操作完成后单击"提交"按钮（如图5-44所示）。

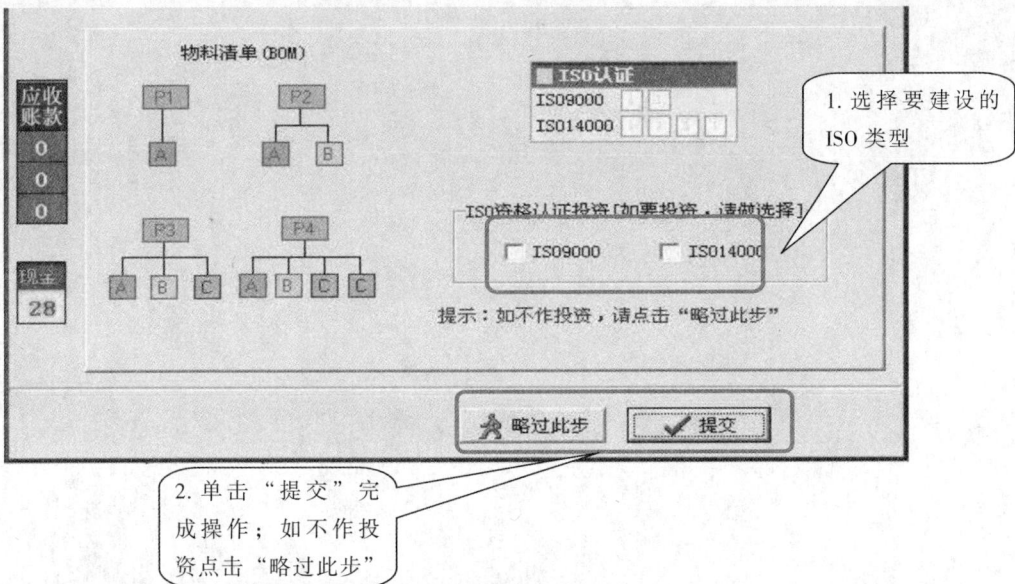

图5-44　ISO认证

30.业务完成被教师机锁定

当学生机出现被教师机锁定窗口时，代表此时学生机业务操作已全部完成并已在教师机数据库中进行保存（如图 5-45 所示）。此时学生机不能再还原重做，如必须还原，需要得到指导教师同意才可进行。

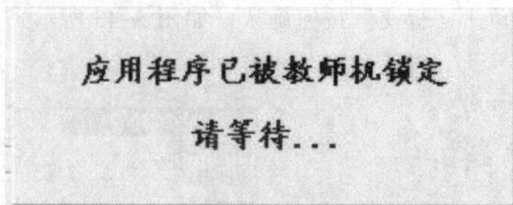

图 5-45　业务完成被教师机锁定

第三篇

ERP 电子沙盘模拟过程中涉及的相关知识

{第六章}

模拟企业财务管理

{第七章}

模拟企业经营、战略、决策管理

第六章

模拟企业财务管理

第一节 企业财务的概念

企业财务，一般是指企业在生产经营过程中与资金有关的事务。它既反映了企业资金运行及其规律，也反映了企业资金运动中的经济关系。企业财务活动包括资金的筹集、投放使用、耗费、收回和分配。

模拟企业管理从资金的筹集开始，经过资金的投入使用、耗费，再到资金的收回，最后到资金的分配，完成了资金运动的全过程。通过各个环节的模拟实验，寻求企业经营决策的最佳方案，即以最小的投入获得最大的产出，以取得最佳的经济效益，实现利润最大化。

博浪 ERP 电子沙盘的结构，其内涵是模拟企业的财务管理。从资金运动的角度观察，模拟企业管理的核心即是企业的全部财务活动。

一、资金筹集

资金的筹集是企业进行生产经营活动的前提和起点。企业的资金筹集包括三部分：一是投资者权益，包括投入的资本金，如直接投资的货币、实物、无形资产和发行股票、资本公积金、盈余公积金、公益金及未分配利润等；二是企业的负债，包括借入的资金，如银行借款、发行债券、各种应付款项等；三是内部积累和融资租赁等。

二、资金投放使用

资金的投放使用，一是购买固定资产，如厂房、设备等；二是购买劳动对象，如各种原材料等；三是建立无形资产或对外投资等。

三、资金耗费

资金的耗费，是指企业在生产过程中耗费的各种材料物资、消耗的活劳动、损耗的固定资产等价值的货币表现。

四、资金收回

资金的收回，是指企业将制成的产品销售出去所取得的销售收入，同时，以其收入进行再生产和新的循环，通过循环不断增多的企业的资金。

五、资金分配

资金的分配，一是交纳所得税；二是弥补以前年度亏损；三是提取法定公积金和公益金；四是向投资者分配利润。

第二节 资金筹集

一、吸收直接投资

吸收直接投资（以下简称吸收投资）指企业按照"共同投资、共同经营、共担风险、共享利润"的原则直接吸收投资者投入资金的一种筹资方式。

1. 吸收投资的种类

企业采用吸收投资方式筹集的资金一般可分为以下三类：

（1）国家投资，指国家财政拨款以及企业用利润总额归还贷款后形成的国家资金，由此形成的国家资本。

（2）法人投资，指法人单位以其依法可以支配的资产投入企业的资金，由此形成法人资本。

（3）个人投资，指社会个人或本企业内部职工以个人合法财产投入企业的资金，由此形成个人资本。

（4）外商投资，指外国投资者和我国港澳台地区投资者投入企业的资本，由此形成外商资本。

2. 出资方式

投资者可以采用多种方式向企业投资，主要有：

（1）现金投资。它是一种最重要的投资方式。企业有了现金，可以购买各种生产资料，支付各种费用，有很大的灵活性，因此，企业要争取投资者尽可能采用现金方式出资。

（2）实物投资。它是指以房屋、建筑物、设备等固定资产和材料、燃料、商品等流动资产所进行的投资。

（3）工业产权投资。它是指以专利权、商标权、商誉、非专利技术等无形资产所进行的投资。

（4）土地使用权投资。土地使用权是按有关法规和合同的规定使用土地的权利。以土地使用权为出资方式，即为土地使用权投资。

二、发行股票

1. 股票的概念及特点

股票是股份公司为筹集自有资金而发行的有价证券，是持有人拥有公司股份的入股凭证。它代表股份企业的所有权。股票持有者为企业的股东，股东按照企业组织章程，参加或监督企业的经营管理，领取股息，分享红利，并依法承担以购股额为限的企业经营亏损的责任。

2. 股票的分类

股票可以按不同方式进行分类。

（1）按发行方式不同，股票分为记名股票和不记名股票。记名股票在票面上注明所有者的姓名，其财产所有权归股票上记载姓名的股东所有。不记名股票在股票上不记载所有者姓名，谁持有股票就拥有股票所代表的财产权。股票如要转让，只需买卖双方认可即可办理交割手续。记名股票要同时附有股权手册，只有同时具备股票和股权手册，才能领取红利。股票可以转让、继承、作为申请贷款的抵押品。记名股票转让要办理过户手续。股票持有人如需变现，只能转让，不能退股。

（2）按票面是否标明金额，股票分为面值股票和无面值股票。面值股票根据每股金额在票面上标明每张股票的金额。无面值股票不标明每张股票的面值，而仅将企业的资金分为若干股份，在股票上载明股数。在企业经营过程中，股份的实际价值与股票的发行价值往往不一致，需要根据股票股数确定股份的实际价值（但每股的发行价值仍需固定）。

（3）按股东权利的不同，股票分为普通股票和优先股票。普通股票是红利随企业利润的多少而变动的股票，是股票中最普通的一种形式，也是公司资金的基本来源。优先股票是较普通股票有某些优先权利的股票。优先股票通常是在公司增募资本时发行的，为了吸收投资，公司给予某种优先的权利：①优先股的股息是固定的，且在普通股持有人进行分配之前支付；普通股只分配红利，不计股息，红利的多少取决于经营状况，经营良好可获高额红利，经营不好红利则随之减少。②优先股有公司剩余财产分配的优先权，当公司破产清算时，其索偿权位于普通股持有者之前。普通股的股东在股东大会上有表决权，有权参与企业的经营管理，优先股的股东则没有表决权，不参与公司的经营管理，仅对涉及优先权的问题有表决权。

（4）按发行对象和上市地区的不同，股票在我国分为人民币股票（简称A种股票、A股）和人民币特种股票（简称B种股票、B股）及H股、N股等。A种股票是以人民币标明股票面值，并以人民币认购和进行交易的股票；B种股票是指以人民币标明股票面值，以外币认购和进行交易的股票；H股为在香港上市的股票；N股是在纽约上市的股票。

3.股票上市的意义

经批准在证券交易所上市交易的股票，称为上市股票。

股票上市对上市公司而言，主要有以下有利方面：

（1）提高公司所发行股票的流动性和变现性，便于投资者认购、交易。

（2）促进公司股权的社会化，防止股权过于集中。

（3）提高公司的知名度，吸引更多投资者。

（4）有利于通过股价来评价企业价值。

（5）有助于确立公司增发新股的发行价格。

另外，还可以利用股票收购其他公司、激励职员等。因此，大多数公司积极创造条件，争取其股票上市。

股票上市虽对上市公司存在许多有利方面，但也存在以下不利因素：

（1）使公司失去隐私权。股票上市必须公开相关信息，这可能会暴露公司的商业机密。

（2）可能歪曲公司的实际状况，损害公司的声誉。因为股票价格受许多人为因素影响，波动较大。

（3）可能分散公司控制权，限制管理层操作的自由度。

（4）公开上市需要较高的费用，包括资产评估费用、股票承销佣金、律师费、注册会计师费、材料印刷费、登记费等。

由于上述不利因素的存在，所以有些公司虽已具备了上市条件，也宁愿放弃上市。

4. 股票筹资的管理

按照国际通行做法，股息和红利应由股份公司在经营获利的情况下，从交纳所得税后的盈利中支付。我国过去发行股票的企业每年根据盈利情况计发一次股息、红利，股息从财务费用中支付，红利从纳税后的留利中支付。计发股息、红利的办法，有的只分红利不计股息，有的既分红又计股息。从性质上看，这种办法混淆了投资者同债权人的关系，没有体现对企业盈亏承担有限责任的要求，这与我国实行股份制的不成熟性有关。《股份有限公司规范意见》中只使用了一个"股利"概念，排除了股息、红利的提法，同时规定"优先股股利和普通股股利均不得在成本费用中开支"。

股息率一般等于或略高于一年定期存款利率，略低于一年贷款利率，这样企业和持票人均有利可得。红利的分配要控制，应根据企业按税后利润计算的资金利润率决定。股息率和分红率之和，原则上应不高于资金利润率。有的企业以高额分红代替奖金，这样不仅造成消费基金的失控，而且按出资额的多少进行劳动的奖励很不合理，应予制止。

股票是可以上市流通的。股票可以当作商品一样进行市场交易，随时转让，换成现钞；股票价格与票面金额往往不一致，其价格除取决于企业经营好坏以外，还受政治、经济、社会诸因素的影响而时有涨落。因此，证券市场是一个高度敏感的市场，弄得不好会产生欺诈、集团操纵和投机行为，所以国家有关制度规定，股票未经批准不得上市流通。

5. 股东权益

股东权益又称净资产，是指公司总资产中扣除负债所余下的部分。

股东权益包括以下五部分：一是股本，即按照面值计算的股本金；二是资本公积，包括股票发行溢价、法定财产重估增值、接受捐赠资产价值；三是盈余公积，又分为法定盈余公积和任意盈余公积（法定盈余公积按公司税后利润的10%强制提取，目的是为了应付经营风险，当法定盈余公积累计额已达注册资本的50%时可不再提取）；四是法定公益金，按税后利润的5%~10%提取，用于公司集体福利支出；五是未分配利润，指公司待分配利润，或留待以后年度分配的利润。

有关盈余公积、法定公益金和未分配利润等，将在后面说明。

三、发行债券

1. 债券的概念及特点

债券是债权人到期向债务人取得本息的债权证书，也是债务人开具的有期限的信用凭证。它代表持券人同发行债券企业间的债权债务关系。持券人可按期取得固定利息，到期取得本金，但无权参与企业管理，也不参加分红，持券人没有承担企业经营亏损的义务。

2. 债券的分类

债券可按不同标准进行分类，主要分类方法有：

（1）按发行单位可分为：国家发行的债券，称为国债或国库券；地方政府发行的地方政府债券；企业发行的企业债券，一般称公司债券；金融机构发行的金融债券等。

（2）按发行方式可分为记名债券和不记名债券两种。记名债券将持券人的姓名登记在债券名册上，偿还本金或支付利息时，企业根据债券名册付款；不记名债券又叫有息债券，债券上附有息票，借款人见票付息，流通比较方便。

（3）按偿还方式不同，分为定期偿还债券和随时偿还债券。定期偿还债券，包括期满偿还和分期偿还两种，前者指到期全额偿还本金，后者指按规定时间分批偿还部分本金。随时偿还债券，包括抽签偿还和买入偿还两种，前者按抽签确定的号码偿还本金，后者是发行企业根据资金余缺情况通知持券人还本。

（4）按有无抵押品担保，分为抵押债券和信用债券。抵押债券又称担保债券，是指发行公司有特定财产作为担保品的债券。它按担保品的不同，又可分为不动产抵押债券、动产抵押债券、信托抵押债券。抵押债券还可按抵押品的先后顺序分为第一抵押债券和第二抵押债券。公司解体时，只有在第一抵押债券持有人的债权已获清偿后，第二抵押债券持有人才有权索偿剩余的财产，因此后者要求的利率相对较高。

信用债券又称无担保债券，是指发行公司没有抵押品担保，完全凭信用发行的债券。这种债券通常是由信誉良好的公司发行，利率一般略高于抵押债券。

（5）按能否转换为公司股票，分为可转换债券和不可转换债券。可转换债券指根据发行公司募集办法的规定，债券持有人可将其转换为发行公司的股票的债券。不可转换债券指不能转换为发行公司的股票的债券。一般来说，可转换债券的利率要低于不可转换债券的利率。按照我国《公司法》的规定，发行可转换债券的主体只限于股份有限公司中的上市公司。

（6）按是否参与公司盈余分配，分为参与公司债券和非参与公司债券。参与公司债券指债券持有人除获得预先规定的利息外，还享有一定程度参与公司盈余分配的权利。实际上，公司债券大多为非参与公司债券，很少有参与公司债券。

（7）按能否上市流通，分为上市债券和非上市债券。上市债券是经有关机构审批，可以在证券交易所挂牌交易的债券。不能在证券交易所挂牌交易的债券为非上市债券。上市债券信用度高，有利于提高发行公司的知名度，成交速度快，变现能力强，更易于吸引投资者，而且成交价格比较合理，有利于公司筹资和投资。但上市债券上市条件严格，发行公司要承担上市费用。

（8）按其他特征，分为收益公司债券、附认股权债券、附属信用债券。收益公司债券是指只有当发行公司有税后收益可供分配时，才支付利息的一种公司债券，这种债券不会给发行公司带来固定的利息费用，对投资者而言收益较高，但风险也大。附认股权债券是指附带允许持券人按特定价格认购公司股票权利的债券。这种认股权通常随债券发放，具有与可转换公司债券类似的属性。附认股权债券票面利率通常低于一般公司债券。附属信用债券是当公司清偿时，受偿权排列顺序低于其他债券的债券。这种债券的利率高于一般信用债券。

3. 债券发行价格的确定

公司债券的发行价格是发行公司或其承销机构代理发行债券时所使用的价格，亦即投资者向发行公司认购其所发行债券时实际支付的价格。公司在发行债券之前，必须依据有关因素，运用一定的方法，确定债券的发行价格。

公司债券发行价格的高低，主要取决于以下四个因素：

（1）债券面额。债券的票面金额是决定债券发行价格的最基本因素，一般来说，债券面额越大，发行价格越高。

（2）票面利率。一般来说，债券的票面利率越高，发行价格也越高。

（3）市场利率。一般来说，债券的市场利率越高，债券的发行价格越低；反之，则越高。

（4）债券期限。债券的期限越长，债权人的风险越大，要求的利息报酬就越高，债券的发行价格就可能较低；反之，则可能较高。

在实践中，公司债券的发行价格通常有等价、溢价和折价三种。

等价是指以债券的票面金额作为发行价格；溢价是指以高于债券面额的价格作为发行价格；折价是指以低于债券面额的价格作为发行价格。

溢价或折价发行债券，主要是由于债券的票面利率与市场利率不一致所造成的。债券的票面利率在债券发行前即已参照市场利率确定下来，并标明于债券票面，无法改变，但市场利率经常发生变动，在债券发售时，如果票面利率与市场利率不一致，就需要调整发行价格，溢价或者折价发行，以调节债券购销双方的利益。

债券的发行价格具体可按下列公式计算：

$$债券发行价格 = 债券面额 \times \frac{1}{(1+i)^t} + 债券年息 \times \frac{1-(1+i)^n}{i}$$

式中：n是指债券期限；i是指债券发售时的市场利率；t是指付息期数。

从上述公式可以看出，债券发行价格由两部分构成：一部分是债券到期还本面额按市场利率折算的现值；另一部分是债券各期利息按市场利率折算的现值。

4. 债券的管理

根据《企业债券管理条例》的规定，企业发行企业债券必须符合以下条件：

（1）企业规模达到国家规定的要求。

（2）企业财务会计制度符合国家规定。

（3）具有偿债能力。

（4）企业经济效益良好，发行企业债券前连续3年盈利。

（5）所筹资金用途符合国家产业政策。

企业发行企业债券应当制定发行章程，并向审批机关报送相关文件。当企业发行债券用于固定资产投资时，还应当报送有关部门审批。债券的发行总额不能超过企业自有资产的净值，原则上要事先规定还本期和方式，到期还本，不能提前兑付。债券可以转让、继承、用作贷款的抵押品，未经批准不能上市流通。发行债券的企业每年付给债券持有者利息一次，根据规定，企业债券的利率不得高于银行相同期限居民储蓄定期存款利率的40%，债券利息计入财务费用。

四、长期贷款和短期贷款

贷款是专业银行、商业银行和非银行金融机构为企业提供资金的一种形式。贷款要按期还本付息。

对于银行贷款，企业要严格按照银行规定的用途使用贷款。目前，各专业银行贷款主要有：中国工商银行向城镇工商企业发放的流动资金贷款和技术改造贷款；中国农业银行和农村信用合作社向农村和乡镇企业发放的贷款；中国建设银行向企业发放的基本建设贷款、大型技术改造贷款等；中国银行向企业发放的外汇贷款以及与外汇配套需要的人民币贷款等。

非银行金融机构是指除商业银行和专业银行以外的所有金融机构，主要包括信托、证券、保险、融资租赁等机构。这些机构供应资金灵活，使用方便，且能提供其他服务项目，对保证正常经营，迅速恢复和发展企业生产具有一定的作用。

贷款分为长期贷款和短期贷款。长期贷款，是指企业为了生产经营的需要，向银行或非银行金融机构借入的偿还期限在一年以上的各种借款。短期贷款，是指企业为了生产经营的需要，向银行或非银行金融机构借入的期限在一年内的各种借款。

五、应付款项

应付款项是企业在往来结算过程中，应付而未付给对方包括企业、其他单位和个人的款项，是企业的流动负债。应付款项在其没有结算付款之前，可作为一种临时性的资金来源，属于短期筹资范畴。应付款项包括应付账款和预收账款、其他应付款等。

1. 应付账款和预收账款

应付账款，是指企业因购买材料、物资或接受劳务供应等而应付给供应单位的款项。由于各种主客观原因，使采购与付款两种行为产生时间间隔，购货企业常常会短期或临时占用销售单位的款项，形成相应的流动负债。这就要求企业予以准确确认和计量，并且要分清责任，及时办理结算，维护买卖双方的合法权益。

预收账款，是指企业按照合同规定向购货单位预先收取的货款。在市场经济条件下，企业间由于购销关系而发生预收预付货款是常见的现象。它是购货单位为及时取得所必需的产品而采取的一种手段，也是销货单位在销售产品后及时取得销售收入的必要保证。

2. 其他应付款

其他应付款，是指企业应付暂收其他单位和个人的款项，如应付租入固定资产和包装物的租金、存入保证金、应付统筹退休金、职工未按期领取的工资等。

各种应付款项虽然是一种临时性资金来源，但其毕竟是一种负债行为，因此，在业务结束时应及时结算付款，不宜长期占用。

第三节　资金投放使用

一、现金

1. 现金的概念

这里所说的现金，是广义的现金，不仅包括库存现金、银行存款和其他货币资金，还包括现金等价物。现金等价物是指"期限短、流动性强、易于转化为已知金额的现金，而且价值变动风险较小的投资"，即能立即或短期内转化为支付能力的现金。如企业购买的长期债券投资3个月就快到期了，此时这笔债券投资可视为现金等。

2. 库存现金管理

各级人民银行应当严格履行金融主管机关的职责，负责对开户银行的现金管理进行监督和稽核。开户银行负责现金管理的具体执行，每一个企业都应按中国人民银行制定的经国务院批准的现金管理制度的要求，在规定的范围内收支现金，并接受开户银行的监督。所以，各企业应按《现金管理暂行条例》的规定，加强现金管理，不断提高现金管理水平。

企业的现金管理，必须遵守国家规定的现金管理原则。

（1）实行牵制制度。企业在现金管理中要实行管钱的不管账，管账的不管钱。出纳员和会计员互相牵制，互相配合，互相监督，从而保证少出差错，堵塞漏洞。

（2）建立现金交接手续，坚持查库制度。凡有现金收付，必须认真复核。在款项转移或出纳人员调换时，必须办理交接手续，做到责任清楚，出纳人员必须做到日清月结，账款相符。要经常检查库存现金与账面记录是否一致，以防止现金丢失、挪用、侵占等不法行为的发生。

（3）遵守规定的现金使用范围。按国家现金管理制度的规定，现金只能用于支付个人款项及不够支票结算起点的公用开支，其使用范围如下：

①职工工资、津贴；

②个人劳务报酬；

③根据国家规定颁发给个人的科学技术、文化艺术、体育等各种奖金；

④各种劳保、福利费用以及国家规定的对个人的其他支出；

⑤向个人收购农副产品和其他物资的价款；

⑥出差人员必须随身携带的差旅费；

⑦结算起点以下的零星支出；

⑧中国人民银行确定需要支付现金的其他支出。

除上述⑤、⑥两项外，超过使用现金限额的部分，应以银行支票或本票支付，确需全额支付现金，经开户银行审核同意后，予以支付现金。

（4）遵守库存现金限额。库存现金限额是由开户银行根据企业规模的大小，每日现金收付金额的多少，以及企业距离银行的远近，同各企业协商确定的库存现金需要量。一般以不超过3至5天零星开支为限，距离银行较远或交通不便的可以多于5天，但一般不得超过15天零星开支的正常需要。企业必须遵守库存现金限额，超过库存限额的现金，出纳员应及时送存银行。需要增减库存现金限额的，应向开户银行提出申请，由开户银行核定。

（5）严格现金存取手续，不得坐支现金。开户单位现金收入应当于当日送存开户银行。当日送存确有困难的，由开户银行确定送存时间。开户单位支付现金，可以从本单位库存现金限额中支付或者从开户银行提取，不得从本单位的现金收入中直接支付（即坐支）。因特殊情况需要坐支现金的，应当事先报经开户银行审查批准，由开户银行核定坐支范围和限额。坐支单位应当定期向开户银行报送坐支金额和使用情况。

另外，企业不得将单位收入的现金，以个人名义存入储蓄户。

3. 银行存款管理

银行存款是指企业存放于银行和其他金融机构，用于企业生产经营活动的各种款项。

企业在日常生产经营活动中，取得的一切款项，除国家另有规定外，都必须当日解交银行；一切支出，除规定可以用现金支付外，应按银行有关结算规定，通过银行办理转账结算。

（1）银行结算方式。根据中国人民银行颁发的《中国人民银行结算办法》和国际结算的有关规定，目前，企业可以采用银行汇票、商业汇票、银行本票、支票、汇兑、委托收款和异地托收承付、信用证等结算方式。

下面就简要说明这几种结算方式：

①银行汇票。银行汇票是汇款人将款项交存当地银行，由银行签发给汇款人持往异地办理转账结算或支取现金的票据。采用银行汇票结算方式的收款单位应根据银行的收账通知和有关凭证编制收款凭证；付款单位应在收到银行签发的银行汇票后，根据有关凭证编

制付款凭证。

采用银行汇票结算方式，要注意以下几个问题：

A. 银行汇票的付款期为1个月，逾期的票据，银行不予办理。

B. 受理汇票的企业，应注意票据的有效性，其中包括：收款人或被背书人是否为本收款人；银行汇票是否逾期，日期和金额等项是否正确无误；银行汇票和解讫通知是否齐全、相符；汇款人或背书人的证明或证件是否有误等。

C. 银行汇票和解讫通知必须由收款人或被背书人同时提交银行，缺少任何一联均为无效，收款单位应在汇票背面加盖预留银行印章后，方可补交银行。

②商业汇票。商业汇票是收款人或付款人（或承兑申请人）签发，由承兑人承兑，并于到期日向收款人或被背书人支付款项的票据。按其承兑人的不同，分为商业承兑汇票和银行承兑汇票。其中，商业承兑汇票是由收款人签发，经付款人承兑，或由付款人签发并承兑的票据；银行承兑汇票是由收款人或承兑申请人签发，并由承兑申请人向开户行申请，经银行审查同意承兑的票据。

采用商业承兑汇票结算方式，收款单位将要到期的商业承兑汇票送交办理收款后，在收到银行的收款通知时，据以编制收款凭证；付款单位在收到银行的付款通知时，据以编制付款凭证。采用银行承兑汇票结算方式，收款单位将要到期的银行承兑汇票解讫通知，连同进账单送交银行办理转账，然后根据银行盖章退回的进账单第一联编制收款凭证；付款单位在收到银行付款通知时，据以编制付款凭证。收款单位将未到期的商业汇票向银行申请贴现时，应按规定填制贴现凭证，连同汇票及解讫通知一并送交银行，然后根据银行的收账通知编制收款凭证。

应该指出的是：只有合法的商品交易才可签发商业汇票，不得签发无商品交易的汇票；商业汇票承兑后，承兑人负有到期无条件支付票款的责任；商业汇票承兑期限，由交易双方商定，但最长不超过9个月，如果属于分期付款，应一次签发若干张不同期限的汇票。

③银行本票。银行本票是申请人将款项交存银行，由银行签发以办理转账结算或支取现金的票据。

采用银行本票结算方式，收款单位按照规定受理银行本票后，应将本票连同进账单送交银行办理转账，根据银行盖章后退回的进账单第一联和有关原始凭证编制收款凭证；付款单位填制"银行本票申请书"并将款项交存银行，当收到银行签发的银行本票后，根据申请书存根编制付款凭证。企业因银行本票超过付款期限或其他原因等要求退款的，在交回本票和填制的进账单经银行审核盖章后，根据进账单第一联编制收款凭证。

④支票。支票是银行的存款人签发给收款人办理结算或委托开户银行将款项支付给收款人的票据。

采用支票结算方式，对于收到的支票，应在收到支票的当日填制进账单连同支票送交银行，然后根据银行盖章退回的进账单第一联和有关的原始凭证编制收款凭证；对于付出的支票，应根据支票存根和有关原始凭证及时编制付款凭证。

⑤汇兑。汇兑是指汇款人委托银行将款项汇给外地收款人的结算方式。

采用汇兑结算方式，收款单位对于汇入的款项，应在收到银行的收款通知时，据以编制收款凭证；付款单位对于汇出的款项，应在向银行办理汇款后，根据汇款回单编制付款凭证。

⑥委托收款。委托收款是收款人委托银行向付款人收取款项的结算方式。

采用委托收款结算方式，收款单位对于托收款项，应在收到银行的收款通知时，根据收款通知编制收款凭证；付款单位在收到银行转来的委托收款凭证后，应在规定的付款期满的次日，根据委托收款凭证的付款通知联和有关的原始凭证，编制付款凭证。如果在付款期满前提前付款，应于通知银行付款之日，编制付款凭证。因某种原因拒绝付款，如果属于全部拒付的，不作账务处理；如果属于部分拒付的，企业应在付款期内出示拒付理由书并退回有关抵押，然后根据银行盖章退回的拒付理由书第一联编制部分付款凭证。

⑦异地托收承付。采用异地托收承付结算方式，收款单位对于托收款项，应在收到银行的收款通知时，根据收款通知和有关凭证编制收款凭证；付款单位对承付的款项，应根据托收承付结算凭证的承付通知和有关凭证编制付款凭证；对于既没有承付也没有拒付的款项，应在规定的承付期满的次日，编制付款凭证。

⑧信用证。信用证结算是国际结算的一种通用方式。信用证是进口方银行按进口方的要求，向出口方（或受益人）开立，以受益人按规定提供单据和汇票为前提的、支付一定金额的书面承诺。简而言之，信用证是有条件的银行付款凭证。

（2）银行结算纪律。按照中国人民银行总行公布的《中国人民银行结算办法》的规定，企业不准出租、出借银行账户，也不准签发空头支票和过期支票，更不能套取银行信用。

为了严肃信用制度，维护结算秩序，企业必须建立和健全银行存款的内部控制制度，加强对各种存款的管理，落实经济责任制，并采取措施对存款管理状况进行定期或不定期检查和考核，使这项工作真正落到实处。

企业财会部门是货币资金管理的综合部门，必须配备专职会计人员办理银行存款结算业务，此项业务一般由出纳人员办理。办理银行结算业务时，应按照规定手续，据以进行银行存款收付业务处理，不许弄虚作假，以保证结算纪律的执行。这样，才能加速资金周转，按时清偿债务，使企业再生产不间断进行

二、应收款项

应收款项包括应收账款、预付账款和其他应收款。预付账款，主要是指企业按购货合同规定预付给供应单位的货款。其他应收款，主要是指应付账款和预付账款以外的其他各种应收、暂付款，如各种赔款、罚款、存储的保证金、备用金、应向职工收取的各种垫付款项等。

实际业务中，预付账款和其他应收款发生较少。下面着重说明一下应收账款。

1.应收账款的功能和成本

企业采取赊销、分期付款等销售方式，可以扩大销售，增加利润，但应收账款的增加也会造成资金成本、坏账损失等费用的增加。企业在销售时，是否提供商业信用，必须在提供商业信用、扩大销售所增加的收益与有关的各项费用之间进行权衡，只有在提供商业信用、扩大销售所增加的收益大于有关的各项费用时，提供商业信用的方案才是可行的。

（1）应收账款的功能。应收账款的功能主要体现在以下两个方面：

①增加销售。在市场竞争比较激烈的情况下，赊销是企业促销的重要手段。在银根紧缩、市场疲软、资金匮乏、买方市场的情况下，赊销的促销作用较为明显。特别是在企业销售新产品、开拓新市场时，赊销的作用更大。

②减少存货。企业持有产成品存货，要追加管理费、仓储费和保险费等支出。相反，通过赊销持有应收账款，则无须上述费用支出。因此，企业采用较为优惠的信用条件进行赊销，将存货转化为应收账款，可节约各种费用支出。

（2）应收账款的成本。应收账款的成本主要包括以下三个方面：

①机会成本。机会成本是指企业由于将资金投放于应收账款而放弃的投资于其他方面的收益。

②管理成本。这部分成本包括对顾客的信用状况进行调查所需的费用、收集各种信息的费用、账簿的记录费用、收账费用以及其他用于应收账款的管理费用。

③坏账成本。坏账成本是指应收账款因故不能收回而发生的损失。按现行财务制度规定，坏账损失的确认有两个条件：一是债务单位撤销，依照民事诉讼进行清偿后，确实无法追偿的部分；二是债务人死亡，既没有遗产可供清偿，又无义务承担人，确实无法追回的部分。就工业企业来说，除上述两条以外，又增加了因债务人逾期未履行偿债义务，并超过3年仍然不能收回的应收账款。

应收账款的坏账成本一般与应收账款发生的数量成正比。

2.信用政策的制定

信用政策又称应收款政策，是企业对应收账款进行规划和控制的一些原则性规定。它主要包括信用标准、信用条件和收账政策。

（1）信用标准。信用标准是指企业同意向顾客提供商业信用而提出的基本要求。通常情况下，用预期的坏账损失率作为判别标准，允许的坏账损失率越低，表明企业的信用标准越严。如果企业的信用标准较宽，可以增加销售量，但也相应增加了应收账款的坏账成本和机会成本；反之，如果信用标准较严，只给信誉很好、坏账损失率低的客户提供商业信用，则会减少应收账款的坏账成本和机会成本，但却可能会导致销售量减少。因此，企业应根据具体情况进行权衡，确定出企业向客户提供商业信用的合理标准。

企业在设定某一客户的信用标准时，应先评估客户的信用状况。通常利用"5C"评估法。所谓"5C"评估法，是指重点分析影响信用的五个方面的一种方法。这五个方面英文的第一个字母都是C，故称为"5C"评估法。这五个方面是：

①品德。品德是指客户愿意履行其付款义务的可能性。该因素在信用评估中最重要。

②能力。能力是指客户的偿债能力。这主要根据客户的经营规模和经营状况来判断。

③资本。资本是指客户的财务状况。这主要根据有关财务比率进行判断。

④抵押品。抵押品是指客户能否为获取商业信用提供担保资产。

⑤条件。条件是指一般经济发展趋势或某些经济地区的特殊发展对企业偿债能力可能产生的影响。

通过以上五个方面的分析，即可基本上判断客户的信用状况，为企业是否向客户提供商业信用做好准备。

信用标准的具体确定方法，是比较改变信用标准后增加（或减少）的收益与其相应的坏账成本与机会成本。如果收益大于成本，则方案是可行的，否则是不可行的。在多个信用标准条件下，应选择净收益最大的信用标准。

（2）信用条件。信用条件是指企业要求客户支付赊销款项的条件，包括信用期限、现金折扣和折扣期限。

信用期限是指企业为客户规定的最长付款时间；现金折扣是指在客户提前付款时给予的优惠；折扣期限是指为客户规定的可享受折扣的付款时间。例如，账单中规定的"2/10，n/30"就是一项信用条件，其中30天为信用期限，10天为折扣期限，2%为现金折扣。提供比较优惠的信用条件能增加销售量，但也会增加应收账款的坏账成本、机会成本和现金折扣成本等。

信用条件的确定方法也是比较不同信用条件下的净收益（不同条件增加的收益扣除相应的坏账成本、机会成本和现金折扣等）。

（3）收账政策。收账政策是指信用条件被违反时，企业采取的收账策略。企业如果采用较为积极的收账政策，可能会减少应收账款投资，减少坏账损失，但要增加收账成本；如果采用较消极的收账政策，则可能会增加应收账款投资，增加坏账损失，但会减少收账成本。因此，在实际工作中，可参照测算信用标准、信用条件的方法，权衡不同收账政策带来的收益与成本，制定正确的收账政策。

企业要制定最优的信用政策，必须将信用标准、信用条件和收账政策等结合起来，综合评价各因素变化对销售额、应收账款机会成本、坏账成本和收账成本的影响。其决策原则仍是赊销的总收益应大于因赊销带来的总成本。

3. 应收账款的日常管理

信用政策制定后，企业还应做好应收账款的日常工作，主要包括以下内容：

（1）进行信用调查。信用调查是指收集和整理反映客户信用状况的有关资料的工作。信用调查有直接调查法和间接调查法两种。直接调查法是指企业的财务人员与客户直接接触，通过当面采访、询问、观看等方式获取信用资料的一种方法，其优点是及时，缺点是准确性差。间接调查法是指通过对被调查单位和其他单位的有关原始记录和核算资料，进行加工整理获取信用资料的一种方法。这些资料主要来源于财务报表、信用评估机构、银行以及财税部门、工商管理部门、证券交易所、消费者协会、企业的主管部门等。

（2）评估客户信用状况。常用的评估方法主要有"5C"评估法和信用评分法。"5C"评估法前已述及，信用评分法是先对一系列财务比率（如流动比率、资产负债率等）和信用情况指标（如信用评估等级、付款历史等）进行评分，然后以各指标的重要性系数为权数进行加权平均，得出客户综合的信用分数，并以此为标准进行信用评估的一种方法。一般来说，分数在80分以上者，说明企业信用状况良好；分数为60~80分者，说明信用状况一般；分数在60分以下者，说明信用状况较差。

（3）催收应收账款。一般来说，企业已发生的应收账款拖欠的时间越长，收回欠款的可能性就越小，形成坏账的可能性也越大，这就要求企业确定合理的催收程序和催收方法。其催收账款的程序一般是：信函通知—电话催收—派员面谈—法律行动。

对于确实无力支付货款的客户，如果只是周期性生产下降而财务状况长期良好的客户，应适当放宽信用期限，以帮助其渡过短期偿债能力危机。如果客户达到破产边缘，则应尽快申请其破产，防止造成更大损失；对于有支付能力而故意拖欠的客户，则应晓之以理，采用各种催收方法催收。

（4）正确计提坏账准备金。随着市场经济的发展，企业之间的经济关系越来越复杂，企业经营风险也越来越大，如果不从财务制度上为企业坏账的处理设置一定的规则，促进企业及时处理坏账损失，那么企业坏账损失的挂账现象将会成为企业潜亏的又一大隐患。

为此,《企业财务通则》明确规定企业应当建立各项资产损失或者减值准备管理制度。各项资产损失或者减值准备的计提标准,一经选用,不得随意变更。

企业发生的坏账损失在财务处理上有两种办法:一是直接核销法,企业发生的坏账损失直接计入成本费用;二是坏账备抵法,企业先估计坏账损失,提取坏账准备金,发生坏账损失时冲减坏账准备金。

为了增强企业的风险意识,我国现已全面推行了坏账备抵法。坏账备抵法在估计坏账损失、计提坏账准备金时,有多种具体操作方法,主要有:

①销售百分比法,限按赊销货款金额的一定比率计提坏账准备金。

②账龄分析法,即按应收账款账龄长短不同分别制定不同的比率,计提坏账准备金。

③应收账款余额比率法,即企业年度终了按年末应收账款余额的一定比例计提坏账准备金,计入管理费用。企业当年发生的坏账损失,应冲减坏账准备金;年末坏账准备金余额占应收账款的比例高于或者低于规定的比例,年终再进行调整,收回的已确认核销的坏账则应增加坏账准备金。

我国财务制度规定,采用应收账款余额比率法,坏账准备金的计提比率各行业规定的比例不一致,如工业企业计提比率为年末应收账款余额的 3‰ ~ 5‰,企业财务管理部门根据实际情况在规定范围内确定比率。

三、存货

从资金用途的角度来观察和分析,存货是资金使用即占用的一种主要形式。

1. 存货的概念

存货是指企业在生产经营过程中为销售或者耗用而储存的各种资产,包括商品、产成品、半成品、在产品,以及各类材料、燃料、包装物、低值易耗品等。

企业的存货中有许多是企业生产经营必不可少的物质条件,储备适量的存货,对维持企业生产经营的正常进行具有重要的意义;但存货又往往是全部流动资产中占用资金最多和变现能力最差的项目,存货数量、金额的多少,直接关系到企业的盈利能力和流动资金的周转速度。所以,企业必须加强存货的管理和核算,一方面要使存货的品种、数量及占用的资金保持在一定的水平上,以保证正常的生产和销售的需要;另一方面又要避免占用过多的资金,造成积压,影响资金周转。要解决这些问题,就有赖于会计部门提供及时、详尽的数据,以反映存货的数量、价值及对企业财务状况和损益情况的影响等。

2. 存货的分类

存货按其来源和用途,可以分为以下几类:

(1) 商品。商品是指企业购入的无须任何加工就可以对外出售的商品。

(2) 产成品。产成品是指企业已完成全部生产过程并已验收入库,可以对外销售的产品。

(3) 半成品。半成品是指已经完成一个或几个生产步骤,但还需要继续加工的产品。

(4) 在产品。在产品是指没有完成全部生产过程,不能作为商品销售的产品。

(5) 材料。材料是指企业购入的用于生产经营过程的各种材料,包括原材料及主要材料、辅助材料、外购半成品、修理用备件、包装物和燃料等。

在某些使用包装物较多的企业中,其包装物占用的资金较多,在全部材料中包装物占有较重要的地位,此时,可将包装物单独组织核算。

（6）低值易耗品。低值易耗品是指单位价值在国家规定限额以下，或者使用年限在1年以内的劳动资料。

从资金的占用形式来看，工业企业的原材料、低值易耗品属于储备资金；工业企业的产成品、半成品、在产品属于生产资金。

四、材料

材料是物质资料生产过程中的劳动对象，它们有的被加工构成产品的实体；有的有助于产品形成；有的则被消耗掉。材料的特点，是它在生产过程中只要经过一个生产周期就改变原有的实物形态或全部消耗掉，其价值也就一次性地转移到产品价值中，构成产品成本的重要组成部分。

1. 材料的计价

为了反映材料资金的增减动态和占用情况，计算产品成本中的材料费用，必须对材料进行计价。材料应按照取得时的实际成本计价，但其组成内容由于材料取得的方式不同而不同。企业取得材料的渠道主要有外购、自制、委托外单位加工、投资者投入和接受捐赠等。

（1）外购材料的实际成本。外购材料的实际成本主要由以下几项内容构成：

①买价：即供应单位所开发票上填列的价款。

②运杂费：指材料从供应单位运到企业时发生的应由本企业负担的运输、装卸、保险、仓储等费用。

③运输途中的合理损耗：指运输途中一般难以避免的定额内的损耗。

④入库前的加工、整理及挑选费用：指材料入库前加工、整理、挑选过程中发生的费用及损耗，扣除下脚料和废料后的价值。

采购人员的差旅费、专设采购机构的经费、零星材料的市内运费也属于采购费用，但为了简化采购费用的计算和分配工作，这些费用以及企业供应部门和材料仓库发生的费用（包括入库后对材料的整理、挑选费用），都作为管理费用开支，不计入材料采购成本。

此外，某些进口材料支付的进口关税，应计入材料实际成本。

上述各项费用中，材料的买价应直接计入购入材料的实际成本。其他各项费用，凡属直接费用，均应直接计入各种材料的实际成本；凡属间接费用，应按材料的重量或买价等比例分配，计入各种材料的实际成本。

（2）自制材料、委托加工材料的实际成本。自制材料的实际成本，按照制造过程中发生的各项支出计价，包括所耗用的材料、人工及其他各种费用。委托加工的实际成本，按照实际耗用的原材料或者半成品加运输费、装卸费、保险费和加工费用等计价。

（3）投资者投入和接受捐赠材料的实际成本。投资者投入的材料，按照评估确认或者合同、协议约定的价值入账。接受捐赠的材料，按照发票所列金额加企业负担的运输费、保险费、缴纳的税金等计价；无发票的，按照同类存货的市价计价。

2. 材料的收入

（1）外购材料收入。材料采购业务是由企业供应部门负责办理的。供应部门根据企业生产计划规定的生产数量和成本计划规定的单位产品消耗定额，结合材料库存情况编制材料供应计划，作为供应部门组织材料供应的依据。

供应部门为保证企业及时得到所需材料，应与供应单位直接签订材料供应合同，规定双方应承担的义务，合同的内容主要包括：

①材料的名称、规格、数量和质量标准；

②材料的价格；

③供货的运输方法；

④交货日期、地点及交货次数和数量；

⑤货款的结算方式；

⑥不履行合同的处罚办法等。

企业的供应部门收到供应单位签发的材料发票、提货单及有关结算凭证时，应该审核发票和提货单所列材料的品种、规格、数量、价格和提货日期等是否与合同相符；货款金额计算是否有误等。供应部门审核无误，应签注承认付款的意见，并将提货单交提货人员据以提货，将发票及结算凭证送交会计部门据以付款。

材料运达本企业材料仓库时，仓库应根据发票所列材料的品种、规格、数量进行计量验收。对于质量不符合规定、毁损或数量不足的材料，应及时通知供应部门，查明原因，分清责任进行处理。其中应由供应单位或运输单位负责赔偿的，由企业供应部门填制赔偿请求单提出赔偿要求，并通知会计部门向对方索赔。

材料仓库在验收材料后，应该填制收料单。收料单一般一式两份，一份留存仓库，据以登记材料明细账；另一份则随发票交会计部门报账。

为了便于收料单的分类、汇总，一张收料单一般只填列一种材料。

（2）自制材料收入。自制完工的材料以及回收车间的废料，应由交库车间填制材料交库单，并在单中注明"自制完工"或"废料回收"等字样。材料交库单一般是一式三份：第一份由收料仓库签收以后退回交库单位；第二份留仓库据以登记材料明细账；第三份由会计定期到仓库稽核时带回会计部门据以记账。

车间退回的余料应填制退料单，或用红字填写领料单。对于车间已领未用，但下月需继续使用的材料，需办理"假退料"手续，以便正确计算产品成本。所谓"假退料"是指只办理退料领料的手续，材料实物并不移动。填制一份退料单（或红字的领料单），表示材料已退回仓库，同时填制一份下月的领料单，表示材料在下月被领出。这样可避免产品成本不实和退回余料的麻烦。

3. 材料发出

企业材料仓库发出的材料，除有少量对外销售和送交外单位委托加工外，主要是发给各生产车间或管理部门使用。

企业中材料的领发业务，不仅发生次数比较频繁，而且涉及的内部单位较多。为了严格凭证手续，明确各自的经济责任，车间等内部单位领用材料时，都需以由领料单位填制、经主管人员审核签证后的领料凭证为依据。

领料凭证一般有以下几种：

（1）领料单。领料单是一种一次使用的凭证，每领一次材料填写一张，一般是一单一料式，适用于不经常领用、没有制定消耗定额的材料领发业务。

领料单多为一式三份：第一份留领料单位备查；第二份留材料仓库登记材料明细账；第三份在会计定期到仓库稽核时带回会计部门据以记账。

（2）领料登记表。领料登记表是为了减少发料凭证的数量，简化凭证填制和审批手续而采用的一种凭证。每一领料登记表在有效期（一般为 1 个月）内对于同一单位领用同种材料可多次使用。它也是一单一料式，一般适用于车间内规定有限额的各种消耗性材料的领发业务。

领料登记表也是一式三份，平时留存仓库，根据每次领料的情况顺序登记；月末，加计全月领用数量和金额。第一份交领料单位备查；第二份留仓库登记材料明细账；第三份由会计带回会计部门据以记账。

使用领料登记表，不仅可以减少凭证数量，简化领发材料的凭证、手续，还便于月末进行材料耗用数量、金额的汇总工作。

（3）限额领料单。对于产品生产经常使用并有消耗定额的材料，可采用限额领料单办理其领发业务。限额领料单是一单一料式多次使用的凭证，在有效期间（通常为 1 个月）规定的限额内，可连续使用，限额领料单为一式三份，使用方法与领料登记表相同。

限额领料单一般由生产计划部门和供应部门根据生产计划和材料消耗定额等资料编制，由材料仓库按限额等控制发料。对超过限额或变更品种、规格等领料，需根据情况处理。由于生产计划调整而增加产量，需追加领料限额的，应由生产计划部门及供应部门审批，可修改限额。由于浪费等原因，需超额领料的，需另填超限额领料单，经有关部门审批后，方可领料。对变更规定材料的品种、规格，领用代用材料时，需另填领料单，经有关部门鉴定批准，在不影响产品质量的前提下方可领料，并应在限额领料单中注明代用材料数量，相应减少限额结余数。

采用限额领料单，可以随时反映发料进程中材料消耗定额的执行情况，亦可促使领料单位按照消耗定额合理节约地使用材料，降低产品成本中的材料费用。

（4）材料配比领料单。对于一种产品需耗用若干种材料，而各种材料之间又有固定配方比例的情况，可采用材料配比领料单。领发材料时，应根据产品计划产量和所耗各种材料的配方比例，计算出各种材料的数量据以填制凭证，经有关部门审批后，即可领。材料配比领料单是一种一单多料，一次使用的领料凭证。因采用这种凭证需根据各种材料的配方用量（即限额）来领发材料，所以也具有按限额领料、控制材料领用的作用。

（5）委托加工材料管理。工业企业采购收入的材料，多数可以直接用于生产，但也有一些材料有时不能满足生产要求，需要对这些材料进行再加工，但受企业本身生产条件的限制，这些材料需委托其他单位进行加工。

委托其他单位加工的材料，虽所有权仍属本企业，但保管地点发生了变化，经过加工，材料的实物形态有所改变，且价值有所增加，有时还会有退回的余料。另外，企业还需进行加工费的结算等。所以，企业应加强对委托加工材料的管理和核算。

委托其他单位加工材料，首先应同受托加工的企业签订加工合同，对加工材料的品种、规格、数量、制成日期、加工费用及结算方式等做出规定。企业按合同发出材料时，应填制委托加工材料出库单，收回制成的材料时，应填制委托加工材料入库单。委托加工材料入库后，按正常材料进行管理。

（6）材料清查。在工业企业中，材料的品种很多，收发又很频繁，如发生管理不善、计量计算误差、自然损耗、丢失毁损等，都会使材料出现账实不符的情况。另外，由于盲目采购，会使某些材料发生超储积压的情况。为了查明上述情况及产生的原因，就需定期或不定期地进行材料清查。

　　材料清查就是如实反映企业材料物资的实有数额，保证材料核算的真实性，监督企业材料物资的完全完整，挖掘利用企业内部资源的一种专门方法。

　　材料清查一般采用实地盘点法，对各种材料进行点数、过磅、测量和技术推算，以确定其实存数量。清查盘点的结果应在"材料盘点报告表"（格式略）内进行登记。

五、低值易耗品和包装物

　　1. 低值易耗品

　　（1）低值易耗品的分类。低值易耗品，是指使用年限在1年以内或单位价值在规定标准以下的劳动资料。

　　低值易耗品的品种较多，按其用途一般可分为以下几类：

　　①一般工具：指生产各种产品时通用的工具，如刀具、量具、卡具和各种辅助工具等。

　　②专用工具：指为生产某种产品专用的工具，如专用模具、工具、卡具等。

　　③替换设备：指容易磨损或为生产不同产品需要替换使用的各种设备，如轧钢用的轧辊、炼钢用的钢锭模等。

　　④管理用具：指在管理部门使用的各种家具、办公用品等。

　　⑤劳动保护用品：指发放给工人用于劳动保护的工作服、工作鞋和其他防护用品等。

　　⑥包装容器：指用于储存材料、产品，既不出售，也不出租、出借的各种容器。

　　⑦其他：指不属于以上各类的低值易耗品。

　　低值易耗品按其在生产中的作用来看，同固定资产一样，都是劳动资料。它在生产过程中可以多次使用，而不改变原有的实物形态，在使用过程中需要进行维护、修理，报废时也有一定的残值，这些都与固定资产相似，但其损耗价值不是采取折旧的办法，而是以摊销的方法摊入成本或费用。而且，由于低值易耗品的品种多、数量大、更换频繁，管理上不同于固定资产，而是视同材料管理。

　　（2）低值易耗品的摊销方法。企业应根据具体情况，对在用低值易耗品采用一次摊销法和分次摊销法。

　　①一次摊销法。采用这种方法，是在低值易耗品领用时，就将其全部价值一次计入有关成本费用。待低值易耗品报废时，将报废的低值易耗品的残料价值作为当月低值易耗品摊销额减少，冲减"制造费用""管理费用""其他业务支出"等。

　　②分次摊销法。采用这种方法是将低值易耗品的价值分若干次摊入成本费用。报废时收回的残料价值作为当期低值易耗品摊销额的减少，冲减有关成本费用。

　　对低值易耗品按使用车间、部门进行数量和金额核算的企业，也可以采用五五摊销法核算，即在领用低值易耗品时，摊销其价值的一半，在低值易耗品报废时，再摊销其另外一半价值。

　　2. 包装物

　　（1）包装物的概念和种类。包装物是指为了包装本企业产品，并准备随同产品一起出售，或在销售过程中租给、借给购买单位使用的包装物品，如箱、桶、瓶、坛、袋等。

　　①生产过程中用于包装产品作为产品组成部分的包装物。

　　②随同产品出售而不单独计价的包装物。

　　③随同产品出售而单独计价的包装物。

④出租或出借给购买单位使用的包装物。

各种包装材料，如纸、绳、铁丝、铁皮等应在"原材料"科目内核算，用于储存和保管产品、材料而不对外出售的包装物，应按价值大小和使用年限长短分别列作固定资产和低值易耗品，不包括在包装物的范围之内。

包装物的用途不同，核算方法也不同，生产领用作为产品组成部分的包装物，视同材料进行核算；随同产品出售但不单独计价的包装物，作为销售过程中发生的费用，列入"产品销售费用"；随同产品出售而单独计价的包装物，视同材料销售，其成本列入"其他业务支出"。上述三种情况，都属一次性使用的包装物，其核算较为简单。

在销售过程中租给、借给购买单位使用的包装物，一般要求使用单位用完后归还企业。不论以什么方式提供给购买单位使用的包装物，都要收取押金；对出租的包装物，还要收取租金；包装物在反复使用的过程中价值会有损耗，收回破损的包装物还需收取修理费用等。

（2）出租、出借包装物的摊销方法。出租、出借包装物摊销额的计算方法有如下几种：

①一次摊销法。在第一次领用新包装物时，就将其价值全部摊销。

②分次摊销法。当出租、出借包装物金额较大时，可将其全部价值分若干次摊销。

对于出租、出借包装物频繁、数量多、金额大的企业，出租、出借包装物摊销额的计算也可以采用五五摊销法、净值摊销法。

③五五摊销法。在第一次领用新包装物时，摊销其价值的一半，包装物报废时，再摊销其价值的另一半。

④净值摊销法，这是以包装物的摊余价值（原值-已提摊销额）乘以一定的摊销率，计算包装物摊销价值的一种方法。

（3）出租、出借包装物收支的归宿。包装物出租，是工业企业一项非生产性的经营业务，属于工业企业产品销售以外的一种其他销售业务。包装物出租期间按租约规定取得租金收入，是包装物出租业务的收入，应列入"其他业务收入"；包装物出租期间的应计摊销额和应由企业负担的维修费用等，是包装物出租业务的支出，应列入"其他业务支出"。全部收入与支出月末时一并转入"本年利润"，并计算盈亏。对于逾期未退包装物没收的押金，则列入"营业外收入"。

企业在销售产品时，将包装物借给购货单位使用，没有业务收入，不属于企业的经营业务，因此，出借包装物的摊销额、维修费、应负担的成本差异，都作为产品销售过程中发生的费用，在"销售费用"中列支。

六、产成品和在产品

产成品和在产品包括半成品是资金占用的一种主要形式。

1. 产成品的收入和发出

产成品是指企业已经完成全部生产过程并已验收入库合乎标准规格和技术条件，可以按照合同规定的条件送交订货单位，或者可以作为商品对外销售的产品。企业接受外来原材料加工制造的代制品和为外单位加工修理的代修品也包括在内。

产成品是企业资产的重要组成部分。为了加强对产成品的管理，各种产成品的入库和发出都应办理相应的凭证手续。

生产车间完工的产成品交库时，应填写产成品入库单。经仓库签收的产成品入库单是进行产成品核算的依据。

产成品发出，大多是对外销售。企业的销售部门在销售产成品时，应填制产成品的出库凭证，如提货单等，作为产成品发出时核算的依据。

2.产品成本在完工的产成品与在产品之间的分配

产成品和在产品各占有成本（生产资金）多少，是生产资金使用的一个非常重要的问题。为此，产品成本必须在完工产品和在产品之间进行分配，这是一个很复杂的问题，也是产成品和在产品管理的关键。

企业应根据具体情况，如在产品数量的多少、各月在产品数量变化大小、各项费用的大小，定额管理基础的好坏等，采用适当的方法计算在产品成本。如果各月在产品数量很小，算不算在产品成本对完工产品成本的影响也很小，可以不计算在产品成本，将发生的全部生产费用归完工产品负担。如果在产品数量较大，就应根据在产品实际结存数量计算在产品成本，计价方法通常有以下几种：

（1）在产品按固定成本计价。如果企业各月月末在产品数量变化不大，月初、月末在产品成本的差额较小，对完工产品成本的影响不大，月末在产品成本可按年初数固定计算。这就是说，每月发生的生产费用，全部由完工产品负担。为避免账面在产品成本与实际在产品成本出入过大，年终，应根据实际在产品的盘存数量计算在产品成本。

（2）约当产量法。约当产量是按期末在产品的完工程度，将期末在产品的数量折合成相当于完工产品的产量。按照完工产品产量和在产品约当产量的比例进行完工产品和在产品成本划分的方法，为约当产量法。

约当产量法适用于在产品数量较大，各个月份之间在产品数量变化也较大，而且原材料和其他费用在成本中所占比重较大，为提高成本计算的准确性，在产品既计算原材料费用，又计算其他费用，就需采用约当产量法，其计算公式如下：

在产品约当产量=在产品数量×完工程度

$$分配率=\frac{月初在产品成本+本月发生费用合计}{完工产品产量+在产品约当产量}$$

本月完工产品成本=完工产品产量×分配率

月末在产品成本=在产品约当产量×分配率

采用约当产量法计算在产品成本时，原材料如果在生产开始时一次投入，每件在产品耗用的原材料同完工产品是一样的，所以应按完工产品和在产品数量比例分配。如果原材料是随着生产进度陆续投入，在产品则应按其投料程度计算约当产量，负担原材料费用。至于其他费用，一般随其完工程度作相应增长，所以在产品应按其完工程度计算约当产量负担这些费用。

采用约当产量法进行成本划分，在产品完工程度的确定比较复杂，在测定在产品完工程度时，各道工序在产品数量和单位成本，在各工序的加量（原材料投入量）都相差不多，因此，全部在产品完工程度均可按50%平均计算。所谓完工程度，即各工序的累计工时定额数占完工产品工时定额数的比率。

$$某工序在产品完工程度=\frac{上道工序的累计单位工时定额+本工序的单位工时定额×50\%}{完工产品单位工时定额}×100\%$$

（3）在产品按所耗原材料费用计价。如果企业原材料费用在产品成本中占较大比重，在产品成本可只负担其所耗用的原材料费用，其他费用全部由完工产品负担。

（4）在产品成本按定额成本计价。在企业各项消耗定额比较准确和稳定的情况下，月末在产品成本可按其定额成本计算。某产品的全部费用减去月末在产品的定额成本后的余额，作为完工产品成本，也就是说，每月生产费用脱离定额的差异，全部由完工产品负担。其计算公式如下：

期末在产品定额成本＝期末在产品数量×在产品单位定额成本

完工产品成本＝期初在产品成本＋本期发生的成本－期末在产品定额成本

（5）定额比例法。定额比例法是将产品成本按照完工产品与月末在产品定额消耗量或定额费用的比例进行分配。该种方法适用于消耗定额比较准确、稳定、各月在产品数量变动较大的企业，其中原材料费用按原材料定额消耗量或定额费用比例分配，其他费用或定额工时比例直接分配费用。计算公式如下：

$$费用分配率=\frac{月初在产品实际费用＋本月发生实际费用}{完工产品定额费用（定额工时）＋月末在产品定额费用（定额工时）}$$

月末在产品成本＝月末在产品定额费用（定额工时）×费用分配率

应用上述定额比例法分配费用，必须取得完工和月末在产品的定额消耗量或费用资料。如果在产品种类和生产工序较多，核算工作量就会很大，因此，月末在产品定额资料也可不根据月末在产品盘存量计算，而是采用倒挤方法推算：

$$\frac{月末在产品}{定额消耗量}=\frac{月初在产品}{定额消耗量}+\frac{本月投入的}{定额消耗量}-\frac{本月完工产品}{定额消耗量}$$

采用这一公式计算，必须每隔一定时期（如一季）盘点在产品一次，根据在产品实际盘存数计算一次在产品定额消耗量。

在具备月初、月末在产品定额消耗量（定额费用），本月投入生产的定额消耗量（定额费用），以及本月完工产品定额消耗量（定额费用）资料的情况下，也可以按下列公式计算费用分配率：

$$费用分配率=\frac{月初在产品实际费用＋本月发生实际费用}{月初在产品定额消耗量（定额工时）＋本月投入的定额消耗量（定额工时）}$$

根据这一分配率，即可按前述公式计算月末在产品和完工产品的成本。

通过在产品成本的计算，产品成本在完工产品和在产品之间归集、分配后，可算出完工产品的实际单位成本。产品完工验收入库，可根据入库单编制入库汇总表，据此结转完工产成品实际成本。

七、固定资产

1. 固定资产的概念

企业的生产、经营活动都离不开各种有形资产，固定资产是其中较重要的组成部分。《企业会计准则第 4 号——固定资产》对固定资产给出了明确的定义，固定资产是指同时具有下列特征的有形资产：①为生产商品、提供劳务、出租或经营管理而持有的；②使用寿命超过一个会计年度。

固定资产有以下四方面特征：

（1）属于有形资产。固定资产有实体存在，是看得见、摸得着的。这与无形资产不同，即使有些无形资产的使用期限超过固定资产，但由于其无形的特性而不能作为固定资产；而企业持有的某些具有实物形态，使用期限也超过一年的实物资产，例如工具、备品备件等由于其数量多、单价低，采用折旧的方法实现价值转移不符合成本效益原则的也不能确认为固定资产。

（2）可供企业长期使用。固定资产使用寿命超过一个会计年度。固定资产可以长期使用，其实物形态不会因为使用发生显著变化，通过折旧的方式逐渐计提其账面价值。

（3）不以投资和销售为目的。企业取得固定资产是为了企业自身的生产经营活动。企业通过使用固定资产生产产品，进而销售产品取得销售收入；可以出租固定资产取得租金收入；可以提供劳务取得劳务收入；可以用于行政管理，提高管理水平。而不是为了将固定资产出售获利。

（4）固定资产的单位价值较高。理解这一特征的目的，是为了把固定资产与低值易耗品、包装物等存货区别开来。

2.固定资产的分类

（1）按经济用途分类，固定资产可分为经营用固定资产与非经营用固定资产两类。

经营用固定资产是直接用于或服务于生产经营活动的固定资产，如用于生产经营的设备、建筑物等。

非经营用固定资产是不直接用于或服务于生产经营的固定资产，如职工食堂、公共福利设施等。

（2）按使用情况分类，固定资产可分为使用中固定资产、未使用固定资产、出租固定资产、不需用固定资产四类。

使用中固定资产是指企业正在使用的经营用和非经营用固定资产。需要注意的是，房屋及建筑物无论是否在使用，都应视为使用中固定资产；由于季节性生产或进行大修等暂时停止使用的固定资产也属于使用中固定资产。

未使用固定资产，是已购建完成但尚未交付使用的新增固定资产或正在改、扩建等暂时不能用于生产经营活动的固定资产。

出租固定资产，是企业以经营租赁方式出租给其他企业使用的固定资产。

不需用固定资产，是企业多余、不适用、待处置的固定资产。

3.固定资产的计价方法

企业固定资产不仅要按实物计量单位进行计算，还要按货币计量单位进行计价，正确地对固定资产进行计价，是真实反映企业资产总额的必要条件，也是正确计提折旧的重要前提。同时，准确确定固定资产的价值，也关系到企业的收入与费用是否配比，经营成果的确定是否真实。

固定资产通常有以下三种计价方法：

（1）原始价值。它是指企业购建某项固定资产达到可使用状态前所发生的一切合理、必要的支出。固定资产的收入、调出、报废清理，以及确定计提折旧的依据等均采用这种计价方法。采用原始价值计价，主要优点是它具有客观性和可验证性，即按这种计价方法确定的价值，均是实际发生并有支付凭据的支出。其缺点是当经济环境和社会物价水平发生变化时，它不能反映固定资产的真实价值。

（2）重置完全价值。它又称现时重置成本，是指在当前的生产技术条件下，重新购建同样的全新固定资产所需支付的全部支出。按重置完全价值计价，虽然可以比较真实地反映固定资产的现时价值，但也带来了一系列的其他问题，会计实务操作也比较复杂，因此，只有企业无法取得确定原始价值的固定资产时，如发生盘盈、接受捐赠时，或当经济情况发生重大变化，国家要求企业对固定资产进行重估价时，才可以采用这一种计价方法。

（3）折余价值，又称固定资产净值，是指固定资产原始价值或重置完全价值减去已提折旧后的净额，它反映固定资产的现有价值。采用这种计价方法，可以反映企业实际占用固定资产的数额和固定资产新旧程度。其主要用于计算盘盈、盘亏、毁损固定资产的溢余或损失。

4.固定资产的管理原则

固定资产是工业企业的主要劳动手段，也是发展国民经济的物质基础。它的数量、质量、技术结构标志着企业的生产能力和国家的生产力发展水平，随着我国现代化建设的不断发展，企业拥有的固定资产将越来越多，技术性能越来越先进，因此，管好用好固定资产，节约固定资产投资，是企业经营管理的一项重要内容。

加强固定资产管理，保证固定资产的完整无缺，充分挖掘固定资产的潜力，不断提高固定资产利用效率，不仅有利于企业增加产量、提高产品质量、扩大产品品种、降低产品成本、加速资金周转，还可以节约基本建设投资。

进行固定资产管理，主要应遵循以下原则：

（1）正确预测企业固定资产的需要量，合理配置固定资产。预测固定资产需要量，是搞好固定资产管理的基础工作。随着企业生产发展和改革的推进，经常引起所需固定资产在结构、数量、效能等方面的新要求，这就必须对生产经营需用的固定资产进行预测，并据以合理配置固定资产，有效满足企业生产经营的需要。因此，企业应当根据目前的生产任务及今后的发展规划，经过有关经济技术指标的计算与分析，预测为保证生产经营活动正常进行所需的固定资产数量，然后结合已有固定资产的实际情况，按照技术先进、经济合理的原则，购建必要的固定资产，进行填平补齐，做到固定资产合理配置，这样才能取得组织生产和指挥生产的主动权，也可以挖掘企业固定资产潜力，提高企业生产能力，提高经济效益。

（2）保证固定资产的完整无缺，提高固定资产的利用效果。保证固定资产的完整无缺，是管好用好固定资产的最基本的要求，为了保证固定资产的完整无缺，必须制定健全的固定资产管理制度，严密组织固定资产的收发、保管工作，正确、全面、及时地反映固定资产的增减变化，定期对固定资产进行清查。同时，既要尽量增加生产性固定资产在全部固定资产中的比重，又要对原有生产设备进行技术改造，充分发挥固定资产的使用效能，从而提高固定资产的利用效果。

（3）做好固定资产投资决策，提高投资效益。企业投资权，是企业生产经营自主权的重要组成部分，企业可以利用自有资金和借入资金对固定资产进行更新改造或新建、改建和扩建，使企业的技术装备逐步现代化。但是，由于固定资产投资较大，而且影响到企业的长远发展和国民经济的全局，因此，必须做好投资的预测和决策。在决定固定资产投资时，必须进行科学的、周密的规划，除了研究投资项目的必要性外，还要考虑技术上的先进性和经济上的合理性。同时，要运用科学的方法，比较不同方案的优劣，权衡其综合经济效益，选择最优方案，组织好工程的施工和设备的选择，做到投资少，见效快，效益高。

（4）正确计提折旧，及时补偿损耗价值。企业提取折旧，是固定资产再生产的重要资金来源。为了保证产品成本的正确性和固定资产的及时更新，企业必须按照国家规定的各类固定资产的使用年限和计提折旧的方法，正确计算固定资产折旧额，正确编制固定资产折旧计划，使固定资产在生产中的损耗及时得到补偿。这样，才能使固定资产的再生产得以顺利进行，促进企业再生产的发展。

八、无形资产和递延资产

1. 无形资产

（1）无形资产的特征。无形资产是指那些没有物质实体，在较长时期内使企业在生产经营受益的资产项目。无形资产一般具有以下特点：

①没有物质实体。这是确定无形资产的先决条件。无形资产没有物质实体，但并非一切没有物质实体的资产都是无形资产。例如，应收账款和长期投资，并不具备物质实体，但通常不把它们列为无形资产。

②不易变现。各种无形资产在企业持续经营期限内，一般来说不便任意转换成现金，因为无形资产的产生是由于企业本身或企业组织内所发生的某种能力，与企业获得的收益有极其密切的关系。

③与企业本身融为一体。无形资产并不是每一个企业都能拥有。企业本身在经营过程中，由于内部组织严密，技术水平高超，全体人员服务态度好、信誉超群以及其经营所处的地理条件和顾客的关系，使企业产生一种潜在的有利力量。如果换一环境或改换名字，调整组织，此种力量就将消失。所以，无形资产与企业融为一体，不可分离。

（2）无形资产的组成内容。无形资产包括专利权、商标权、土地使用权、著作、经营特许权、非专利技术、商誉等。

①专利权，是指依法批准的发明人或其权利受让人对其成果享有独占权和经营获利的权利。一项技术发明经向本国或别国申请注册，依法律程序公布后，专利权人才取得有一定期限内垄断权，并受到注册国法律保护。其他任何人未经专利权人同意不得利用该项专利进行生产或出售使用该项专利制造的产品。

专利权可能由购买而来，也可能由发明者向政府申请直接获得，专利权具有在法律上的有效期限，专利权的成本包括试验试制费、制图费、律师费、注册登记费等项目。

②商标权，是指商标主管机关依法授予商标所有人对其注册商标受国家法律保护的专有权。商标权在商标注册登记后归注册申请人所拥有，只有注册的商标权才受法律保护。商标权可以是自创的，也可以是从外部购入的，还可以是其他单位投资转入的。企业从外部取得的商标权，由于它代表着产品的质量和信誉，可以使企业获得较多的收益，往往要花费高昂的费用，因此，对购入的或其他单位投入的商标权，应作为无形资产入账，商标权具有永续的法定寿命，企业可以续展注册，长期使用。

③土地使用权或称场地使用权，是指企业接受其他单位的场地使用权作为投入资产的价值。按法律规定，土地归国家所有，企业不得计价转让，企业为取得土地使用权而支付的费用，也应作为无形资产入账。

④著作权，是指文学、艺术和科学作品的作者依法所享有的权利。当企业购入或接受著作权投资时，才能作为资本性支出，列作无形资产入账。

⑤经营特许权或称专营权，是政府（或企业）准许某一企业（或另一其他企业）在一

定地区内享有经营某种业务或销售某种特定商标产品的专有权利。企业花较大代价获得的专营权，应按取得时发生的各种费用连同办理法律手续的费用在内作为无形资入账。

⑥非专利技术是指企业生产上使用的尚未公开亦未申请专利权的先进技术，包括各种设计资料、图纸、技术规范、工艺流程、原材料配方及其他先进的非专利技术。企业取得的专有技术应按实际成本入账。

⑦商誉，是指一个企业因种种有利因素，如技术先进、质量优良、经营卓越而取得高于同行业正常经营利润率的能力所形成的价值。企业通过自身经营管理而建立的商誉不能作为无形资产入账，只有企业合并时，随同接受的净资产购入的商誉，才能确认为企业的无形资产入账。

（3）无形资产的计价。无形资产原则上应按取得的成本计价。由联营单位投入的，应按联营双方议定的价值计价；从外部单位购入的，应按实际的价款计价；企业自创的，从理论上说，应按其自创取得的实际成本计价。在实际工作中，自行申请取得商标的成本一般不高，一般在申请时就作为期间费用计入当期损益，只有购入的商标才按成本计价。此外，企业往往有若干个研究开发的项目交叉进行，发生的费用很难按项目划分；不少研究开发的项目虽然费用开支很大，但不一定成功，不一定能取得专利权，即使成功，由于国内外技术的高速发展，也可能已经不能给企业带来超额收益。因此，企业的研究开发项目在取得专利权以前所发生的费用，一般也作为期间费用记入当期损益，不作为专利权的成本来计算，只有购入的专利权，以及在研究开发时确认能够成功，能够取得专利，并能单独计算成本的研究开发项目，才按实际成本作为无形资产的价值。

无形资产一般有规定的使用期限或一定的有效期限，其价值应在规定的使用期限或有效期限内摊销。无形资产的摊销方法一般采用直线法，即在一定期限内按月平均摊销，或者根据一定期限内的总产量算出单位产量的摊销额，按每月实际产量乘以单位产量的摊销额摊销。对于没规定使用期的无形资产，一般应按不少于10年的期限摊销。

（4）无形资产的取得。企业按法律程序申请取得无形资产时，应按实际支出计入"无形资产"。联营单位作为投资投入无形资产时，按评估确认的价值计入"无形资产"。无形资产的原值减去其摊余价值，即为累计摊销额。

（5）无形资产的转让出售。为了开展企业间的技术交流，企业内部形成或外部购入的无形资产都可以转让出售，但其他单位投资转入的无形资产，企业只能拥有使用权，没有处置权，不能用于转让出售。

无形资产的转让有两种情况：一是转让无形资产的使用权；二是转让无形资产的所有权。无形资产的转让收入，列入企业的"其他业务收入"，转让无形资产的成本列入企业的"其他业务支出"。

2.递延资产

企业的长期资产，除固定资产、无形资产之外还有递延资产和其他资产。递延资产是指不能全部计入当年损益，应当在以后年度分期摊销的各项费用支出，包括企业的开办费、固定资产大修理支出、租入固定资产的改良支出以及摊销期限在一年以上的其他待摊费用。

开办费是指企业在筹建期间所发生的不应计入有关财产物资价值的各项费用，包括企业在筹建期的各方人员的工资、办公费、差旅费、培训费、印刷费，筹建期间的银行借款的利息、注册登记费以及不计入固定资产、无形资产购建成本的其他支出。而应由投资者负担的费用，构成固定资产、无形资产价值的支出，构建期间应计入工程成本的利息支出，汇兑净损失不应作为开办费处理。

开办费作为企业的一项递延资产，应当在企业投产后不少于 5 年的期限内平均摊销。

除开办费以外，固定资产的大修理支出、租入固定资产的改良支出等也作为递延资产核算，发生时按递延资产入账。大修理支出在大修理间隔期间平均摊销；租入固定资产的改良支出，在固定资产租赁期限内平均摊销。租入固定资产资产的改良工程支出，如独立形成固定资产的，应列为企业固定资产。

九、对外投资

1. 对外投资的分类

对外投资的分类方式很多，如按投资地域可分为境内投资和境外投资，按制约方式可分股权投资和债权投资，实务中应用较多的则是按兑现能力分为长期投资和短期投资。

短期投资是指能够随时变现、持有时间不超过一年的有价证券以及不超过 1 年的其他投资；长期投资是指不准备随时变现、持有时间在 1 年以上的有价证券以及超过 1 年的其他投资。

（1）短期投资和长期投资既有联系，又有区别，其联系主要表现为：

①投资主体和客体相同。

②投资的内容相同，两者都可以是有价证券或有价证券以外的各种形式的投资。

③在法律上承担的责任相同，对外投资在合同或协议期内除可依法转让外，不得以任何方式抽逃。如违约，要承担法律责任。在股权投资情况下，投资者对被投资企业的净资产按其出资比例或合同、协议规定享有所有权并分享利益和承担风险。因此，长期投资到期收回的最后一年，即转换为短期投资。

（2）短期投资和长期投资的区别主要表现为：

①投资的目的不同，长期投资是为了积累整笔资金，为将来扩大生产经营规模，或为参与和控制其他企业的经营决策等而进行的投资，而短期投资是利用企业正常经营中暂时闲置的资金，为谋求一定收益而进行的投资。

②投资的回收期不同，长期投资的回收期在 1 年以上，而短期投资的回收期在 1 年以内。

③变现能力不同，长期投资是指不能随时变现或不准备随时变现的投资，而短期投资是指能够随时变现的投资。

2. 对外投资的计价

企业对外投资时，应根据国家有关规定评估确定资产价值。资产评估作价的方法主要有以下几种：一是收益现值法，即按被评估资产合理的预期获利能力和适当的折现率，计算出资产的现值，并依此确定重估价值；二是重置成本法，即根据估价时该项资产在全新情况下重置成本，减去按重置成本计算的已使用年限的累计的折旧额，考虑资产的功能变化、成新率等因素，确定重估价值，或者根据资产的使用期限，考虑资产功能变化等因素重新确定成新率，评估重估价值；三是现行市价法，即参照相同或者同类资产的市场价格，评估确定资产的价值。具体来讲，企业的对外投资按下列方法计价：

（1）企业以货币资金向其他单位投资的，按实际支付的货币金额计价。

（2）企业以实物、无形资产向其他单位投资的，按投出时合同、协议确认的价值或者评估确认的金额计价。以无形资产对外投资时，对外投资的无形资产根据购入成本及该项资产具有的获利能力评定重估价值；自创或自身拥有的无形资产，根据无形资产形成时所需实际成本及该项无形资产具有的获利能力，确定重估价值；外部购入的无形资产，根据该项资产具有的获得能力评定重估价值。

（3）企业认购其他企业的股票，按实际支付款项计价，实际支付款项中包括已宣告发放股利的，按实际支付款项扣除应收股利后的差额计价。

（4）企业认购其他企业或政府的有价证券，应按有价证券面值计价。

企业认购的债券，按照实际支付的款项计价，实际支付款项中含有应计利息的，按照扣除应计利息后的差额计价。

（5）企业以自有外汇投资，应按划拨外汇日国家外汇调剂中心实际价作价。

另外，溢价或者折价购入的长期债券，其实际支付的款项（扣除应计利息）与债券面值的差额，在债券到期以前，分期计入投资收益。

企业以实物、无形资产方式向其他单位投资的，其资产重估确认价值与其账面净值的差额，计入资本公积金。

第四节　资金耗费

一、成本费用

工业企业成本费用，是整个企业会计核算的中心内容。加强管理和核算企业的成本和费用，对于加强经营管理，降低成本费用，提高经济效益，合理制定价格，使企业具有较强的竞争能力具有重要的作用。企业搞好成本费用的管理和核算，做好各项基础工作，并实行目前普遍采用的制造成本法，不仅有利于企业生产经营决策，而且有利于正确核算，反映企业生产经营成果，提高成本费用的管理和核算水平。

1. 成本费用的概念

（1）广义的成本的概念。广义的成本是一个经济范畴，指企业在经济活动过程中，为生产产品而发生的各种人、财、物、时间、信息、机会等资源所付出的全部代价。

（2）生产成本的概念。工业企业为生产一定种类、数量的产品所发生的直接材料费用、直接人工费用、直接制造费用、间接制造费用和其他间接费用等的总和，就是产品的成本，也称为生产成本或制造成本。上述费用应记入产品成本，并从产品的销售收入中得到补偿。

间接制造费用和其他间接费用，是指不能分清哪种产品所耗用，不能直接计入某种产品的共同费用，而需要按一定标准进行分配后才能计入产品成本。

（3）费用的概念。这里所说的费用可以理解为期间费用，即管理费用、财务费用、销售费用的总和。期间费用不能计入产品成本，而直接从当期的收益中扣除。

综上所述，成本费用用货币形式来表示，也就是企业在产品生产经营中所耗费的资金总和。

2. 成本费用的开支范围

工业企业应按规定的企业成本费用的开支范围进行列支。一切与生产经营活动有关的支出，都应计入企业的成本费用。

在确定售价时，企业不但要考虑产品的生产成本，还应同时考虑每单位销售收入应负担的销售费用、管理费用、财务费用和销售税金。

3.确立成本费用开支范围必须划清的界限

工业企业在核算成本费用时，要划清以下四个界限：

（1）分清本期成本费用和下期成本费用的界限。工业企业要按权责发生制的原则核算成本费用。凡应由本期负担而尚未支出的费用，应作为预提费用计入本期成本费用；凡已经支出，应由本期和以后各期负担的费用，应作为待摊费用，分期摊入成本费用。企业应对需要预提和摊销的费用做出规定，防止任意预提和摊销费用。

（2）分清企业内部各部门之间成本费用的界限。工业企业要将成本费用指标分解下达到各部门、各车间、各班组，落实各部门、各车间、各班组的经济责任。实际发生的成本费用也应按部门、车间、班组分别核算，不应相互混淆，以便随时掌握各部门、各车间、各班组的费用支出情况，考核其经济效果。

（3）分清在产品和产成品成本的界限。工业企业应注意核实期末在产品的数量，按规定的方法正确计算在产品成本。不得任意压低或提高在产品和产成品的成本。自制半成品和产成品的入库、出库必须经过检查、计量办理凭证手续。

（4）分清各种产品的界限。工业企业各种产品的成本都要按照规定的成本项目来归集和核算。对于能够直接计入有关产品的各项直接成本，都要直接计入。与几种产品共同有关的成本费用，必须根据合理的分配标准，在各种产品之间正确分配。

4.正确计算产品成本应做好的基础工作

（1）做好定额的制定和修订工作。企业要进行成本审核、控制，必须有定额作为依据。定额是企业根据本单位当前设备条件和技术水平，充分考虑人的因素，在生产的产量、质量，以及人力、物力、财力消耗等方面规定的所应达到的标准。制定先进而又可行的原材料、燃料、动力和工时等项消耗定额，是编制成本计划，考核、分析生产耗费水平的重要依据。有了定额，才能据以审核各项耗费是否合理，是否节约，借以控制生产耗费。计算产品成本有时要用产品的原材料和工时定额消耗量或定额费用作为分析实际费用的标准。为了搞好生产管理和成本管理，必须建立和健全定额管理制度。凡能制定定额的各种耗费，都应逐步制定定额。随着生产的发展、技术的进步、劳动生产率的提高，还应不断修订定额，检查定额的执行情况，充分发挥定额管理的作用。

（2）建立和健全原始记录。进行成本核算，必须以有关的原始记录为依据。因此，企业对于材料的领用、工时的耗用、费用的开支、废品的发生、产成品的入库，以及在产品和半成品的内部转移等，都要有原始凭证。原始记录既要符合各方面管理需要，又要符合成本核算需要，既要科学易行，又要讲求实效。还要组织有关职工认真做好各种原始记录的登记、传递、审核和保管工作，以便正确、及时地为成本核算和其他有关方面提供原始资料。

（3）做好材料物资的计量、收发、领退和盘点工作。产品成本是以价值形式来反映产品生产中的各种支出的，但价值形式的核算都是以实物计量为基础的。因此，加强材料物资的计量和验收工作，是正确计算产品成本的前提条件。凡是材料物资的收发领退，在产品、半成品的内部转移，以及产成品的入库等，都要经过计量、验收。库存材料物资和车间在产品，要定期清点。有的材料物资要通过计量的方法求得其实际数量。因此，要配备必要的计量仪器，以保证计量的准确，使产品成本计算工作更为准确。

（4）制定和修订厂内计划价格。在规模较大的企业中，还将厂内计划价格（或计划单位成本）作为企业内部结算和考核的依据。厂内计划价格也是开展全面经济核算，制订成本计划、费用预算的基础。厂内计划价格要尽可能符合实际，保持相对稳定，一般在年度内不变。

5.成本项目

工业企业发生的与生产经营活动有关的一切支出，应按不同的用途分成不同的成本项目和费用项目，分别进行归集。但不同的行业之间，所使用的成本项目和费用项目有所不同。

工业企业生产经营过程中实际消耗直接材料、直接工资、其他直接支出及制造费用，计入产品制造成本（即生产成本）。

（1）直接材料是指企业生产经营过程中实际消耗的原材料、辅助材料、备品配件、外购半成品、燃料动力、包装物以及其他直接材料。

（2）直接工资包括企业直接从事产品生产人员的工资、奖金、津贴和补贴。

（3）其他直接支出包括直接从事产品生产人员的职工福利费等。

（4）制造费用，是指企业各个生产单位（分厂、车间）为组织和管理生产所发生的各种费用。

二、期间费用

如前所述，期间费用是指企业行政管理部门为组织和管理生产经营活动而发生的各种费用，包括管理费用、财务费用、销售费用。

1.管理费用

管理费用，是指企业行政管理部门为管理和组织经营活动的各项费用，包括公司经费、工会经费、职工教育经费、劳动保险费、待业保险费、董事会费、咨询费、审计费、诉讼费、排污费、绿化费、税金（指房产税、车船税、城镇土地使用税、印花税）、土地使用费（海域使用费）、土地损失补偿费、技术转让费、技术开发费、无形资产摊销、开办费摊销、业务招待费、坏账损失、存货盘亏、毁损和报废（减盘盈）及其他管理费用。

2.财务费用

财务费用，是指企业为筹集资金而发生的各项费用，包括企业生产经营期间发生的利息支出（减利息收入）、汇兑净损失、调剂外汇手续费，金融机构手续费及筹资发生的其他财务费用等。

3.销售费用

销售费用，是指企业在销售产品、自制半成品和提供劳务等过程中发生的各项费用及专设销售机构的各项经费，包括应由企业负担的运输费、装卸费、包装费、保险费、委托代销手续费、广告费、展览费、租赁费（不含融资租赁费）和销售服务费用、销售部门人员工资、福利费、差旅费、办公费、折旧费、修理费、物料消耗、低值易耗品摊销及其他经费。

上述期间费用，在发生时就应直接计入当期损益，而不计入产品成本，这样做有助于简化成本核算工作，提高成本计算的准确性，正确考核企业生产经营单位的成本管理的责任，并能满足成本预测和决策的需要。

三、固定资产折旧

固定资产折旧一般应在固定资产的使用与管理中说明，但由于固定资产在生产中不断损耗，其损耗的价值通过折旧费的形式逐渐转移到产品成本中，企业固定资产所占用的资金由于折旧而随之减少。从这一意义上讲，亦即从资金角度来讲是资金的一种耗费，且折旧是构成产品成本的重要内容，故将固定资产折旧放在本部分中加以说明。

1.固定资产折旧的概念

固定资产可以长期参加企业的生产经营活动而仍保持其原有的实物形态，但其价值将随着固定资产使用而逐渐转移到生产的产品中，或构成企业的经营费用。这部分随着固定资产的磨损而逐渐转移的价值称为固定资产的折旧。

固定资产损耗，有有形损耗和无形损耗两种。有形损耗是指固定资产由于使用或自然损耗而引起的使用价值和价值上的损失；无形损耗是指由于技术进步而引起的价值上的损失。固定资产折旧计入生产成本或计入管理费用的过程，就是固定资产在生产经营过程中的价值转移过程。在这一过程中，企业固定资产所占用的资金由于折旧而减少，企业流动资金由于产品价值的形成而增加。

2.固定资产计提折旧的范围

按照财务制度的规定，应计提折旧的固定资产包括：房屋和建筑物（无论使用与否均应计提折旧）；在用的机器设备、仪器仪表、运输车辆、工具器具；季节性停用、修理停用的设备；以经营租赁方式租出的固定资产，以融资租赁方式租入的固定资产。

下列固定资产不计提折旧：房屋、建筑物以外的未使用、不需用的固定资产，以经营租赁方式租入的固定资产；在建工程项目交付使用以前的固定资产；已提足折旧继续使用的固定资产；未提足折旧提前报废的固定资产；国家规定不提折旧的其他固定资产（如土地等）。

3.计算折旧的依据

企业计提固定资产折旧的依据主要有：固定资产原价、预计使用年限和净残值三个方面。

（1）固定资产原价是计提折旧的基础。财务制度规定以固定资产账面原价作为计提折旧的依据。

由于经济业务的不断发生，固定资产的账面原价也是不断变化的，这就有一个按什么时间的账面原价计算折旧的问题。财务制度规定，应以月初可提取折旧的固定资产账面原价为依据，当月增加的固定资产，当月不计提折旧；当月减少的固定资产，当月照提折旧，从下月起停止计提折旧。

（2）固定资产的预计使用年限。固定资产使用年限的长短直接影响各期应提的折旧额，在确定固定资产使用年限时，不仅要考虑固定资产的有形损耗，还要考虑固定资产的无形损耗。因此，固定资产的使用权年限也只能预计，同样具有主观随意性。为了避免人为地延长或缩短固定资产计提折旧的年限，财务制度中对各类固定资产的折旧年限也作了规定。企业应根据国家有关规定，结合本企业的具体情况合理地确定固定资产的折旧年限。

（3）固定资产的预计净残值。固定资产预计净残值是指假定固定资产使用寿命已满并处于使用寿命终了时的预期状态，企业目前从该项资产处置中获得的扣除预计处置费用后的金额。固定资产的净残值是企业在固定资产使用期满后对固定资产的一个回收额，在计算固定资产折旧时应从固定资产的折旧计算基数中扣除。

企业应当根据固定资产的性质和使用情况，合理确定固定资产的预计净残值。固定资产的预计净残值一经确定，不得变更。固定资产原始价值减去预计净残值的数额为固定资产应计提折旧总额。

（4）固定资产折旧范围

应计提折旧的固定资产，在会计上称为折旧性资产。除以下情况，企业应对所有固定资产计提折旧：

（1）已提足折旧但仍在继续使用的固定资产。

（2）单独估价作为固定资产入账的土地。

4.计算折旧的方法

会计上计算折旧的方法很多，主要有平均年限法、工作量法、加速折旧法等。由于固定资产折旧方法的确定直接影响企业的成本、费用的计算，也影响到企业的收入和纳税，从而影响到国家的财政收入，因此，对企业折旧方法的选用，国家历来有比较严格的规定。关于计算折旧的方法，这里重点介绍以下四种：

（1）平均年限法，平均年限法又称使用年限法或直线法，是按照固定资产使用年限平均计算折旧的一种方法。在这种方法下所计算的固定资产折旧额，在每个使用年份或月份都是相等的。采用平均年限法计算固定资产折旧应考虑固定资产原价、固定资产预计使用年限、预计残值和预计清理费用四个因素。

平均年限法的计算原理是：

$$年折旧额 = \frac{原始价值 - 预计净残值}{预计使用年限}$$

固定资产折旧额是根据折旧率计算出来的。折旧率是折旧额占原始价值的比重。

$$年折旧率 = \frac{年折旧额}{原始价值} \times 100\% = \frac{1 - 预计净残值率}{预计使用年限} \times 100\%$$

$$预计净残值率 = \frac{预计净残值}{原始价值} \times 100\%$$

$$年折旧额 = 原始价值 \times 年折旧率$$

$$月折旧额 = 年折旧额 \div 12$$

平均年限法的优点在于计算过程简单易行，容易理解，是会计实务中应用较为广泛的一种方法。

（2）工作量法。工作量法是根据固定资产资产实际工作量计提折旧的一种方法，采用这种方法，首先要计算单位工作量折旧额，然后用固定资产每月实际完成的工作量乘以单位工作量折旧额，即可计算出各该月份的折旧额，其计算公式如下：

$$单位工作量折旧额 = \frac{原始价值 \times （1 - 预计净残值率）}{预计工作量总额}$$

$$年折旧额 = 某年实际完成的工作量 \times 单位工作量折旧额$$

这种方法适用于运输汽车和大型精密设备的折旧计算。这些固定资产的价值较高，但每月的工作数量或时数往往很不均衡，如果采用平均年限法计算折旧额，会使各月成本计算不合理。

采用平均年限法和工作量法，折旧额随着使用的月数、年数或完成的工作数量增加成正比例增加，累计折旧额呈直线上升趋势，所以以统称为直线法。

（3）双倍余额递减法。双倍余额递减法是在不考虑固定资产残值的情况下，根据每期期初固定资产账面净值和双倍直线法折旧率计算固定资产折旧的一种方法，计算公式为：

$$年折旧率 = \frac{2}{折旧年限} \times 100\%$$

月折旧率＝年折旧率÷12

月折旧额＝固定资产账面净值×月折旧率

实行双倍余额递减法计算折旧的固定资产，应当在其固定资产折旧年限到期前两年内，将固定资产净值扣除预计净残值后的净额平均摊销。

（4）年数总和法。年数总和法是将固定资产的原值减去预计净残值后的净额乘以一个递减的分数计算每年的折旧额，这个分数的分子代表固定资产尚可使用的年数，分母代表使用年数的逐年数字总和。计算公式如下：

$$年折旧率 = \frac{折旧年限 - 已使用年限}{折旧年限 \times （折旧年限 + 1）\div 2} \times 100\%$$

月折旧率＝年折旧率÷12

月折旧额＝（固定资产原值 - 预计净残值）×月折旧率

以上后两种方法都是前期折旧额大后期折旧额小、资金回收较快的方法，所以一般称为加速折旧法。

固定资产折旧从本身来讲，它只是反映企业固定资产价值的损耗，而这种损耗通过商品（或产品）销售收入的实现又得到价值的补偿，这种变化只涉及企业资金占用形态的变化，而不涉及企业资金（资本）数量的变化。

四、成本费用预测

成本费用预测是根据成本特性及其相关资料，运用定量和定性分析方法，对企业未来时期的成本费用水平及其发展变化趋势做出科学的估计，为编制成本费用的计划提供依据，使企业成本费用管理更符合客观规律的要求。

成本费用预测是成本费用决策的前提。因此，搞好成本费用预测工作，可以为成本费用决策、成本费用计划及成本费用控制提供有效信息，避免决策失误。

1. 成本费用预测的意义

（1）成本费用预测是加强成本费用管理的首要环节。随着社会主义市场经济的建立和发展，企业与企业之间的竞争越来越激烈，企业要想在激烈的竞争中立于不败之地，应生产出品种新、质量好、成本费用低、适销对路的新产品，来满足国内市场和国际市场的需要。这样，对成本费用管理工作就提出了更高的要求，只靠事后的计算和分析已远远不能适应客观的需要，应把成本费用管理的重点转移到事前控制上来，也就是说，如果事先不进行周密细致的预测，就难以做出正确的决策，成本费用预测是根据企业过去和现在的成本费用水平，推测未来企业成本费用水平，并做出科学的判断，从而为正确进行成本费用决策奠定基础。

（2）成本费用预测是提高企业经济效益的重要手段。成本费用预测是加强事前成本费用控制的关键。通过成本费用预测不仅使成本费用在形成过程中得到有效控制，而且可以在产品成本费用发生之前，把损失浪费消灭在萌芽之中。众所周知，在产品价格和税率不变的前提下，产品成本费用越低，企业经济效益就越高。为了不断降低成本费用，就必须进行成本费用预测，寻求降低成本费用的途径，进一步提高企业经济效益。

（3）成本费用预测是企业决策者进行生产经营决策的依据。企业的生产经营活动是建立在正确的决策基础上的，而正确的决策又以科学的预测为依据。预测准确，决策才可能正确，经济效益才能提高。预测不准，决策会失误，就会给经济工作带来损失。

企业生产经营受多方面因素的影响，产品成本费用就是其中一个重要因素。成本费用的高低，直接影响到企业的竞争能力，也关系到企业今后的发展问题。企业决策者在领导和组织生产经营活动中，对某些重大问题所做出的决策，都离不开科学的成本费用预测。通过成本费用预测，企业决策者可以提高自觉性，减少盲目性，在整个企业管理中能选择最优方案，做出正确决策。

2. 成本费用预测的要求

（1）按照规定的程序进行成本费用预测。成本费用预测工作要根据不同的预测对象、目的，广泛收集和整理有关资料，并对已取得的资料进行研究和分析，然后采用一定方法对构成产品成本项目数额进行测算，预测各项目数额降低的幅度，再参考可能发生的各种情况，作进一步分析和研究，对初步测算的结果进行必要的调整，最后确定预测值，提出最优的方案。

（2）加强调查研究，努力提高预测准确程度。成本费用预测准确与否，直接关系到企业经营决策正确与否。进行成本费用预测，必须广泛地调查研究，掌握可靠的数据和相关的资料，尽量提高成本费用预测的准确程度。当然，由于种种原因尽管做出一定的努力，预测的结果与未来发展情况可能出现不吻合，这是常有的情况。但在预测时必须剔除不利因素，利用有利因素，尽量使预测的结果与未来发展变化趋势大体一致，况且预测工作不是一次就能完成的，需要经过多次，并且不断进行补充和修订，这样才能提高成本费用预测工作的准确程度。

（3）与其他经济指标相配合，全面提高经济效益。成本费用是一项综合性指标，它与其他各项技术经济指标都有密切的联系。所以，成本费用预测工作只考虑如何降低产品的成本费用，而不去考虑与产品成本费用相关的其他因素，如产量、品种、质量、经营管理等各方面工作，这对企业成本费用预测工作是不利的。因此，必须全面考虑与预测工作相关的方方面面因素，从提高经济效益角度出发，选择并实施最优的成本预测方案，这样才能全面提高经济效益。

3. 成本费用预测的内容

成本费用是企业一项综合性的经济指标，它与企业其他各项技术经济指标都有密切的联系。因此，成本费用预测的范围较广，涉及企业生产技术、生产组织形式及其特点等方面。从总体上讲，成本费用预测主要包括以下几个方面内容：

（1）新产品成本费用的预测。随着科学技术的发展，试制的新产品越来越多，并在企业中占有较大的比重。由此看来，企业只抓老产品成本管理就不能适应当前成本管理要求，因此，必须抓好新产品成本费用预测工作。

企业在决定开发新产品时，首先要根据已掌握的资料和其他企业生产同种产品的成本费用的耗费水平，结合企业降低成本费用的具体措施，对新产品设计成本费用进行预测，计算新产品投产后的成本费用水平。如果达不到事先预计的目标成本，产品设计部门就要与企业的其他部门，如生产、工艺、劳动、物资供应以及财务部门进行反复研究，探索进一步降低成本费用的途径，使产品设计成本达到事先预计的目标。这样，就可以保证新产品在经济上的合理性，避免设计上的损失和浪费。

（2）原有产品成本费用的预测。对原有产品成本费用的预测，就是根据当前市场的需求和降低成本费用的具体要求，预测原有产品成本费用比上年度可能降低的程度和应达到的水平。这就要求企业加强方方面面的管理工作，不断提高成本管理水平，完成预计的成本费用降低任务。

（3）新建、扩建企业的成本费用预测。预测新建和扩建企业的成本费用就对新建、扩建的建设工程成本与竣工后的产品成本费用进行预测，从中了解和掌握企业成本管理状况，为选择最优方案提供依据。

（4）企业计划期目标成本费用预测。简单地说，目标成本费用是指企业事先确定在某个时期内应实现的成本费用水平。目标成本费用预测，是在企业编制成本费用计划阶段，根据产品品种、产量、质量、价格，目标利润等有关资料以及降低成本费用的具体措施，经过科学的计算，预计产品目标成本费用。

4. 目标成本的预测

目标成本的预测，通常采用以下两种方法：

（1）选择某一先进成本作为目标成本。采用这种方法确定目标成本，可根据国内外同种产品先进成本水平或者本企业历史最好水平进行，也可以采用平均先进定额制定的定额成本或标准成本，还可根据本企业上年实际成本和计划年度的成本降低任务来确定本企业的目标成本。这种方法比较简单，但应注意被选定的成本必须是既先进又切实可行的。

（2）以目标利润为基础来确定目标成本。这个方法是根据产品销售价格、产品销售成本和产品销售利润等之间内在的相互制约关系来确定产品目标成本。具体地说，从销售收入中扣除目标利润，就是应实现的目标成本。其计算公式是：

目标成本 =预测销售收入 - 目标利润

五、成本计划

1. 成本计划的内容

成本计划的内容包括主要产品单位成本计划和全部商品产品成本计划以及费用预算。

（1）主要产品单位成本计划。该计划按成本项目分别反映计划期内生产的各种主要产品应该达到的成本水平，一般按产品品种编制。

（2）全部商品产品成本计划。该计划包括可比产品和不可比产品在内的全部商品产品的成本计划，一般按两种格式进行编制：一种是按产品的品种来确定各种可比产品和不可比产品的计划单位成本、计划总成本以及各种可比产品成本降低额和降低率（这种格式可以看出整个企业全部商品产品的成本水平）；另一种是按成本项目分别确定计划内全部商品产品的计划总成本以及总的成本降低额和降低率（通过这种格式可以了解企业全部产品成本项目和结构变动情况）。

（3）费用预算。费用预算按要素费用反映，可以编制"材料费用预算""工资福利费预算"，按费用用途反映，可以编制"制造费用预算"。费用预算是控制生产费用支出，核定生产资金定额的依据。

成本计划除了表格表述外，还应编制文字说明书，对成本计划编制的依据、理由、方法和保证措施以及完成计划的可能性进行说明。

2. 成本计划的编制程序

编制成本计划，一般应遵循以下程序：

（1）搜集、整理资料。编制成本计划之前，必须广泛搜集各种资料，并加以整理分析。这些资料主要包括：

①成本预测情况和降低成本的目标。

②计划期企业的目标利润、生产、物资供应、劳动工资和技术组织措施等计划。

③有关技术经济定额，如物资消耗定额、劳动定额、费用开支标准及有关规定等。

④厂内原材料、燃料、动力计划价格和各种劳务的内部结算价格及各种费用预算。

⑤本企业上年和历史最好水平的成本资料。

⑥国内外同类产品的平均水平和先进水平的成本资料。

（2）预计分析上年成本计划完成情况。正确的成本计划是在总结过去经验的基础上编制出来的。所以，在编制成本计划之前，必须对上年成本计划的完成情况进行预计和分析，以便总结成绩，发现问题，找出差距，提出措施，指明努力方向。

（3）测算有关因素对成本降低指标的影响程度。测算有关因素对成本降低的影响程度，对提高成本计划工作的质量有重要作用，是保证成本计划先进性、合理性、可行性必不可少的步骤。对有关因素的测算也称为试算平衡。

（4）正式编制成本计划。经过对成本降低指标的测算，达到成本降低的要求后，财务部门就可以正式编制成本计划。成本计划经企业领导批准后，应下达各分厂、车间、部门执行。

3. 成本计划的编制方法

当有关资料搜集整理齐备，成本下降指标测算的结果达到要求以后，就可以进行成本计划和费用预算的编制。成本计划的编制方式与成本核算的方式应该一致。企业采用一级成本核算形式，成本计划由厂部财会部门统一编制；企业采用分级核算方式，成本计划则应由车间和厂部财会部门分别编制。下面着重说明由车间、厂部两级编制成本计划的方法。

成本计划在分级编制的方式下，大体上可以分为四个步骤：首先，编制辅助生产车间成本计划；其次，编制基本生产车间成本计划；再次，编制制造费用预算；最后，汇总全厂成本计划。

（1）辅助生产车间成本计划的编制。辅助生产车间的服务对象，主要是各基本生产车间和企业管理部门。此外，还包括福利事业单位、在建工程和对外承担的修理业务等方面。辅助生产的费用应该用一定方法分配到各受益单位的产品成本或费用计划中去。因此，编制产品成本计划，首先要编制辅助生产成本计划。

辅助生产成本计划是按照每一辅助生产车间来编制的，编制步骤大体如下：

①辅助生产费用计划的编制。编制辅助生产费用计划在确定各成本项目的计划数额时，直接材料、燃料和直接工资等项目可以根据车间计划生产量（或劳动量）、单位产品（或劳务）消耗定额和计划单价进行计算。现以直接材料项目为例说明其计算方法。

直接材料=产品的生产量或劳务供应量×单位产品或劳务消耗定额×计划单价

制造费用项目的内容比较复杂，要分别按明细项目确定，其计算方法有以下几种方式：

A.凡有规定费用开支标准的，按有关标准计算。例如，劳动保护费，可以根据车间享受的人数和规定标准计算。

B.凡是相对固定的费用项目，例如办公费，可以根据上期预计实际数和计划期节约费用的要求来确定。

C.凡是其他计划中已有现成资料的费用项目，如生产单位管理人员工资\折旧费等，可以根据其他计划有关资料计划确定。

D.为了正确地反映辅助生产的成本水平，耗用其他辅助生产车间的产品或劳务应列入制造费用的有关明细科目，其数额根据计划耗用量和厂内计划价格计算确定。

②辅助生产费用分配计划的编制。辅助生产费用计划编完后，应编制辅助生产费用分配计划，把辅助生产金额费用分配给各有关受益单位和产品成本或费用计划中去。

（2）基本生产车间成本计划的编制。基本生产车间成本计划，要分别按各基本生产车间来编制。首先应编制车间直接费用计划，按产品计算直接费用；然后，编制制造费用预算，并在各产品之间进行分配；最后编制车间的产品成本计划。

①车间直接费用计划的编制。车间直接费用计划，应按成本项目反映产品的单位成本、本期的生产支出总额和本期完工的产品成本。

产品单位成本中"直接材料""燃料和动力"项目，应根据各项消耗定额及厂内计划价格计算。如果材料消耗定额包括的废料具有回收价值，则应在直接材料项目下扣除。

"直接人工"项目，如果工资直接计入产品成本，则用该产品计划产量去除其计划工资额即可求得单位产品工资。但在大多数企业里，工资是按计划期该产品的工时定额及每小时的生产工人平均工资进行计算。每小时的生产工人平均工资是以计划期各产品所需生产工人总工时去除生产工人计划工资总额而求得的。

"废品损失"项目，是指在一些工艺上不可避免废品损失的企业，才允许编列在成本计划中，它包括因废品而发生的一切费用扣除废品残值后的损失净额，应根据计划的废品率和废品工时率详细计算填列，不得任意估计。

基本生产车间对于前一车间转来的半成品成本，可以采取两种不同的处理方法，即逐步结转法和平均结转法。这两种方法各有优缺点，每个企业应根据本身的条件，结合管理的需要，选择使用。

②制造费用预算的编制。制造费用预算的编制方法与辅助生产车间的制造费用编制方法基本相同，即按规定明细项目和前述各种方法确定制造费用发生额。

制造费用发生额确定以后，应按一定标准分配给各种产品，分配标准有生产工人工资、生产工人工时、机器台时等。企业根据实际情况规定适当的分配标准。

③车间产品成本计划的编制。车间产品成本计划，应按成本项目反映各产品的计划单位成本和总成本。它主要根据各种产品的直接费用计划和制造费用分配计划，并结合计划期完工产量进行编制。

（3）制造费用总预算的编制。制造费用总预算是在各车间制造费用预算基础上编制的，它根据辅助生产车间、基本生产车间的制造费用预算资料按明细项目汇总列示。通过编制制造费用总预算，可作为控制和监督制造费用未来发生数的标准，把实际制造费用同预算目标相比较，可以评价制造费用实际支出情况，查明超支或节约的原因。

（4）全厂成本计划的编制。财务部门对各车间上报的成本计划进行审查后，就可以着手汇编以下计划：

①主要产品单位成本计划。它是根据各车间产品成本计划编制的。在采用逐步结转法时，可直接在最后一个车间的计划单位成本基础上编制，如果要求按原始成本项目反映产品成本结构，则要将最后一个车间的计划单位成本中的"自制半成品"项目逐步分解后编制。在采用平均结转法时，将各车间同一产品单位成本的相同项目相加，就是各种产品的计划单位成本。

②商品产品成本计划。根据各种产品单位成本计划，结合计划产量编制商品产品成本计划表。它的编制方法是将各种产品计划产量乘以上年平均单位成本，汇总起来就是按上年平均单位成本计算的总成本；各种产品计划产量乘以计划单位成本，汇总起来就是本期计划总成本。在此基础上就可以确定可比产品成本降低任务。其计算公式如下：

降低额=按上年平均单位成本计算的总成本 – 本期计划总成本

$$降低率 = \frac{降低额}{按上年平均单位成本计算的总成本} \times 100\%$$

六、成本日常控制

成本日常控制，是指各成本控制主体对各自的可控成本所进行的经常性控制。

1. 设计部门新产品开发成本的控制

进行产品成本控制，应首先从产品设计成本控制开始，产品设计完成后，还应对试制成本进行控制。

（1）设计成本的控制。在新产品设计阶段，应确定新产品设计目标成本。为此，首先必须做好市场调查，了解用户的购买力状况、市场需要量、原材料供应情况等。然后，结合本企业的具体情况，确定新产品的销售量、销售价格及盈利水平。最后，根据新产品原材料消耗定额、工时定额，以入库原材料计划价格、各种费用定额，确定新产品设计目标成本，作为试制成本控制的依据。

（2）试制成本的控制。新产品试制可以分为样品试制和小批试制两个步骤。在试制过程中，要以设计目标成本为控制依据，将实际消耗尽可能控制在设计目标成本之内。对试制过程中发生的各项耗费单独归集、单独核算。计算出新产品试制成本以后，应将其与新产品设计目标成本进行比较，以检验新产品试制成本计划完成情况，并检验新产品设计目标成本是否正确，以便根据设计目标成本制定出新产品正式投产后的定额成本。新产品通过鉴定后，定额成本就是新产品正式投产时进行成本控制的依据。

2. 供应部门材料采购成本、储存成本的控制

（1）材料采购成本的控制。一般来说，产品成本中，材料成本占有较大的比重，材料成本的高低，在很大程度上决定了产品成本的高低。因而，进行成本控制，应首先进行材料采购成本控制。供应部门一般应从以下几个方面进行控制。

①控制材料买价。由于在市场经济条件下，大部分材料价格由市场供求状况调节，因此，同一种材料在不同的供货单位可能有不同的价格；同一供货单位的同一材料在不同时间也可能有不同的价格。这就要求企业采购人员熟悉材料供应行情，灵敏地掌握信息，同时了解供货单位的生产经营情况，力争在材料质量相同的条件下，以最低廉的价格购进材

料，在材料价格相同的情况下，购进质量最好的材料。

②控制材料采购费用。在材料采购过程中，除了控制材料买价之外，还应控制材料采购费用。这就要做到，第一，正确选择采购地点和运输方式，即在其他条件相同的情况下就近采购，在不影响产品生产的情况下采用支出较少的运输方式，从而降低材料运输费用。第二，控制材料在运输途中的损耗，及时对运达的材料加以计量，发现超定额损失要查明原因，明确责任，按有关规定处理，减少材料途中损耗。第三，控制材料入库前的挑选整理费用，降低挑选整理费用支出，并对挑选整理后的废料及时计价入库，对不合格的材料要按规定及时索赔。

（2）材料储存保管费用的控制。在材料储存过程中，要发生仓库职工工资、办公费、水电费、搬运费、折旧费、修理费及材料盘亏、毁损各项储存保管费用，供应部门对这些应区别不同情况，采取不同方法进行控制。

供应部门如果没有人员调配权、固定资产处理权及资金使用权，则仓库职工工资、折旧费、修理费、保险费以及利息支出等费用，属于供应部门的不可控制费用，应由供应部门与有关部门共同进行控制。如果供应部门有上述权力，则应对发生的各项储存保管费用承担责任，进行控制。

在材料储存保管费用的控制中，除了对各项费用的绝对额按照计划进行控制以外，应通过控制材料库存数量达到降低材料储存保管费用的目的。供应部门对材料库存数量一般可以从以下几个方面进行控制：

①实行材料分类控制。企业的材料种类较多，为了能够对材料库存数量进行有效的控制，一般可以采用ABC分类法。这种方法就是按照材料价格高低、消耗量大小、采购难易程度及材料对产品生产的重要程度，分为A、B、C三大类。A类为重要材料，价格较高，消耗量较大，采购较难；B类次之；C类为一般材料，价格较低，消耗量较小，采购较为容易。一般来说，应对A类材料加强控制，对C类材料可以采用简化的核算、控制方法。对材料实行ABC分类控制，既可以控制重点，又可以简化材料储存的日常控制工作。

②定期清仓盘点。材料仓库应进行定期的材料清查工作，检查材料有无毁损、短缺，账实是否相符，有无超储积压材料等。通过这项工作，能够及时发现材料储存保管中存在的问题，将损失减少到最低限度。

3. 生产部门产品生产成本的控制

生产部门主要负责产品的生产任务，其主要控制内容就是产品生产成本，使之不突破产品生产成本计划。此外，生产部门还应对在产品及自制半成品的保管承担一定的责任，因而还应对在产品和自制半成品的储存数量进行控制，以便降低在产品和自制半成品的储存成本。

（1）生产管理部门的成本控制。生产管理部门不直接进行生产管理活动，只负责生产计划的安排、生产调度及自制半成品的收发保管业务，因而其控制的内容主要为自制半成品的库存数量。

为了对自制半成品进行合理储备，生产管理部门应合理安排生产作业计划，控制产品投产时间和数量，加强产品生产的成套性，做到自制半成品的合理储备。生产管理部门还应促进各生产环节之间的衔接和平衡，保证产品生产的均衡性，加速自制半成品的周转。

生产管理部门通过控制自制半成品的库存数量，可以降低自制半成品的储存保管费用支出。

（2）生产车间的成本控制。生产车间是产品生产的具体承担者，其成本控制内容主要包括以下几方面：

①控制材料消耗数量。材料费用是产品成本的重要组成部分，加强材料费用控制，对于完成产品成本计划具有重要作用。材料费用中的价格变动因素生产车间无法控制，应由供应部门负责控制。生产车间直接进行生产活动，应控制材料消耗数量，并按材料计划成本计价，反映材料费用的超支或节约。生产车间控制材料消耗数量，一般可通过限额控制法进行。

采用限额控制法进行材料消耗量控制，就是生产车间与供应部门配合，根据材料定额消耗量实行限额领料制度。首先，由供应部门根据生产计划和材料消耗定额计算材料定额消耗量，签发限额领料单，凭单定量供应材料。领料时，领料车间应填写领料日期及请领数量，发料仓库应在双方所持限额领料单内填写实发数量及限额结余数量，并由领料双方在两份限额领料单上签章，领料款项可以逐笔结算，也可以在月末汇总结算。如果增加产量，应由生产部门审核批准，办理追加限额手续；如果生产过程中发现废料或由于其他原因超限额领料，应说明原因，单独填写超额领料凭证领取材料。

②控制工资费用。在计时工资下，控制工资费用主要包括控制工资费用总数和控制劳动生产率两方面。

控制工资总数，首先要控制工资及津贴的支付标准，严格按照规定支付工资及津贴；其次要控制职工人数，严格遵守定员标准；最后要控制加班加点时间，做好生产调度工作，合理利用正常工作时间。

控制劳动生产率，就是要控制生产工人出勤率、工时利用率以及工时定额完成情况，从而提高产品产量，达到降低单位产品中工资费用的目的。

在计件工资制度下，主要是控制计件工资标准，同时要严格把住质量关，控制不合格品数量。对于不合格产品，要分析原因，属于操作者操作原因造成的不合格品，不支付计件工资。

③控制其他费用。生产车间的其他各项费用中，有些与产品数量成正比例变动，属于变动费用，如机物消耗等，这些费用可以采用前述材料费用控制方法进行控制。有些费用与生产产品的数量没有直接关系，属于固定费用，如办公费、劳动保护费等，这些费用一般采用总额控制方法进行控制。较常用的形式是使用费用限额手册进行控制。使用费用限额手册，就是对生产车间的各项固定费用支出规定最高限额，并记入费用限额手册，生产车间的固定费用支出，要随时记入费用限额手册，并结算限额结余，以控制固定费用支出不超过限额。

七、降低成本的主要途径

降低成本是增加社会物质财富的途径。企业成本的高低影响着企业对社会贡献的大小，决定着企业自身发展的程度。在生产过程中，不仅要耗费劳动资料和劳动对象，还要耗费劳动者的劳动。节约这些物化劳动和活劳动的耗费，可以生产出更多更好的产品。降低成本是增加利润的主要来源。成本是补偿价值的尺度，降低成本越多，增加利润越多，可以为国家和企业增加积累。

降低成本的途径是成本控制的总体原则和方法。降低成本应结合成本预测的目标和日常成本控制来具体组织实施。降低成本的主要途径一般应包括以下六个方面的内容：

1. 提高劳动生产率

劳动生产率反映了人们在生产中劳动效率的高低，是企业降低产品成本的重要途径。提高劳动生产率的办法除前面已谈及的，还应包括以下方面：

（1）强化企业员工的政治素质，不断提高政治思想觉悟，发挥为企业、为国家多做贡献的积极性和创造性，促进企业生产的不断发展。

（2）提高企业员工的文化素质和技术水平。

（3）充分发挥科学技术作为第一生产力的作用。加大技改投入，加速科技成果转化和提高技术创新能力。

（4）加强企业内部管理，提高劳动效率。一是改进劳动组织，搞好定员管理，压缩非生产人员，精选生产人员，发挥技术优势。二是改进生产组织形式，合理使用和调配劳动力，建立健全劳动管理制度，提高出勤率、工时利用率和工作效率。

2. 提高产品质量

产品质量好坏，是反映企业技术水平的主要标志之一。为满足人们（社会的及个人的）需要和国家建设，企业必须狠抓产品质量，减少废品损失，提高产品合格率。在各生产环节中，严格把好质量关，严格执行操作规程，健全质量检验制度，生产出用户满意的产品。

3. 降低材料消耗

降低材料消耗，是增加产量的前提和降低产品成本的重要途径。为此，必须狠抓原材料、燃料、动力等的材料节约。严格控制材料第一成本关，减少不必要的损耗和浪费，提高材料的综合利用率。

4. 提高设备的利用效率

企业的设备在进行综合利用的前提下，要充分发挥设备的效能，不断提高利用效率。这不仅可以增加产品产量，而且可以减少单位产品的固定资产折旧费用。为了提高设备利用效率，要加强设备的技术改造，完善设备管理制度。

5. 严格控制和节约费用开支

要加大对各种费用管理的力度。要坚持勤俭办企业方针，反对铺张浪费，尽量降低制造费用，节约生产费用；严格控制期间费用，特别是企业管理费包括业务招待费等，大力压缩非生产费用。

6. 严格执行财经法规

要严格执行《会计法》《企业会计准则》等财经法规，加强企业财务管理和经济核算，强化企业内部审计和完善内部经济责任制。

第五节　资金回收

一、销售收入

企业从事生产经营活动的直接目的是为了取得最好的经济效益。为此，企业必须加强对生产经营过程的管理，增加生产、降低生产成本、节约费用支出。但是，要使生产过程中的节约变成企业实实在在的收益，就必须经过销售环节。销售是企业生产经营过程的最后一个环节，也是至关重要的一个环节。

1.销售收入的内容

《企业会计准则》中将收入定义为企业在日常活动中形成的、会导致所有者权益增加的、与所有者投入资本无关的经济利益的总流入。营业收入在不同类型的企业中有不同的叫法，在工业企业财务制度中，称作销售收入，包括产品销售收入和其他销售收入。

2.销售收入的确认

合理准确地确认销售收入既是一个理论问题，也是一个实际问题，因为销售收入的确认直接影响到各期利润的计算，影响企业某些款项的交付时间等。

从理论上说，自原材料投入生产过程，销售收入即逐渐产生，但是谁都清楚，生产完工的产品不一定都卖得出去，卖出去的产品不一定都能及时收到货款。那么，从投料开始到收回货款这一过程中，选择哪一时间确认和计量销售收入呢？是按权责发生制确认，还是按收付实现制确认呢？

（1）一般情况下销售收入的确认。销售商品收入同时满足下列条件的，才能予以确认：企业已将商品所有权上的主要风险和报酬转移给购货方；企业既没有保留通常与所有权相联系的继续管理权，也没有对已售出的商品实施有效控制；收入的金额能够可靠地计量；相关的经济利益很可能流入企业；相关的已发生或将发生的成本能够可靠地计量。

企业收到购货单位预付的货款时，不能作为收入实现处理，因为只是收现，尚未发出商品。企业商品刚刚发出，有关业务手续未及办妥，不能作为收入实现处理。原因是虽然发出了商品，但未收回货款或未取得收回货款的权利。

（2）特殊情况下销售收入的确认。特殊情况下销售收入的确认需结合销售方式和结算方式等进行：

①以交款提货方式销售时，以货款已经收到、发票已交购买方确认销售收入的实现；不管是否实际发出商品。

②委托其他单位代销产品，在收到代销单位代销清单时，确认销售收入实现。

③采用托收承付结算方式销售产品，应在产品已经发出，并已将发票、运输单位的提货单等全部有关单据提交银行办妥托收手续时作为收入实现，未收到的账款作为应收账款处理。

④采用分期收款方式销售产品时，以本期实际收到的价款或以合同约定的本期应收价款确认销售收入的实现。

⑤对大型设备制造、船舶制造的企业，由于生产过程经过几个会计年度，为满足配比原则，合理计算经营成果，可按完工进度或完成的实际工作量，确认销售收入的实现。

⑥企业出口销售的商品，陆运的以取得承运货物的收据或铁路运单、海运的以取得出口装船提单、空运的以取得空运运单，并向银行办理出口交单后确认销售收入的实现。

⑦对外提供各种劳务，在劳务已经提供，同时收讫价款或取得收到价款的权利时，确认销售收入的实现。

需要指出，销售收入确认入账后，有时会由于发出商品的品种、规格、质量等与合同不符而导致买方要求部分或全部退货，或者折让部分货款。发生退货时，按规定，不论销售于哪一年度，均应冲减本期收入。销售收入总额减去销售退回、折让与折扣后净额，为产品销售净额。

二、销售成本和销售费用

1.销售成本和销售费用的内容

产品销售是指产成品、代制品、代修品、自制半成品等产品和工业性劳务的销售。在销售产品取得销售收入的同时，也会发生销售成本、销售费用和销售税金及附加。

产品销售成本是指销售产品的实际成本，由销售产品的数量和单位产品成本计算确定。单位产品成本则可按企业所采用的产品存货发出的计价方法加以确定。

产品销售费用是指企业为销售产品、自制半成品和工业性劳务等所发生的各项费用及专设销售机构的经费等。

产品销售税金及附加是根据产品销售收入（净额）征收的各种税金及附加，如增值税、城市维护建设税、教育费附加等。企业收到出口产品退税以及减免税退回的税金，可作为减少产品销售税金处理。

2.销售成本

（1）交款提货销售方式。在此种销售方式下，企业收到货款并将发票和提货单交给购货单位后即确认收入，并于销售当期结转销售成本。

（2）托收承付结算方式。在此种结算方式下，产品已发出，并办妥托收手续时作为收入实现并于销售当期结转销售成本。

（3）委托其他单位代销。在此种销售方式下，代销单位每月应向企业提供代销清单，载明售出产品的数量和金额。企业据此登记销售收入并结转销售成本。

（4）分期收款销货。在此种销售方式下，企业必须同购买方签订分期收款合同，以规定每次付款的数额和时间，以及违约处理。

3.销售费用

销售产成品、自制半成品等所发生的费用，直接列入"产品销售费用"。

4.其他销售

工业企业除产品销售以外的受托代销、外购商品销售、原材料销售、包装物及固定资产出租、技术转让、运输劳务等都属于其他销售业务。

其他销售业务取得的收入和发生的支出，分别列入"其他业务收入"和"其他业务支出"。

三、营业外收入和支出

企业的营业外收入，是指与企业生产经营无直接关系的各项收入，主要包括固定资产的盘盈和出售净收益、罚款收入，因债权人原因确实无法支付的款项、教育费附加返还款等项目。

企业的营业外支出，是指与企业生产经营无直接关系的各项支出，主要包括固定资产盘亏、报废、毁损和出售的净损失、非季节性和非修理期间的停工损失、职工子弟校和技工学校的经费、非常损失、公益救济性捐赠、赔偿金、违约金等项目。

企业的营业外收入和支出一律实行单独管理、单独核算。因其与企业生产经营无直接关系，故其收支情况在财务报表中的"利润表"上单独列示。

四、利润

市场经济条件下的企业是自主经营、自负盈亏的经济实体，企业在经营中应当努力增加收入、降低成本，以实现更多的利润，为企业发展提供物质基础，为投资者提供一定的投资收益。一定时期内，企业利润额的多少，反映了企业生产经营经济效益的高低，反映了一家企业的盈利能力和盈利水平。

利润是企业在一定期间的经营成果，就工业企业而言，包括销售利润、投资净收益及营业外收支净额。

利润总额可按下式计算：

利润总额=销售利润+投资净收益+营业外收入-营业外支出

其中：

销售利润=产品销售利润+其他销售利润-管理费用-财务费用

此计算公式的特点是，计算公式中产品销售利润与其他销售利润之和，近似于"毛利"的概念，其后扣除管理费用和财务费用，意义在于这两种费用产品销售和其他销售均受益。

产品销售利润的计算公式为：

产品销售利润=产品销售净收入-产品销售成本-产品销售费用-产品销售税金及附加

其他销售利润的计算公式为：

其他销售利润=其他销售收入-其他销售成本-其他销售税金及附加

投资净收益，是指企业投资收益与投资损失的净额。投资收益是指企业对外投资所取得的收益，主要包括对外投资分得的利润、股利和债券利息，投资到期收回或者中途转让取得款项高于账面价值的差额，以及按权益法核算的股权投资在被投资单位增加的净资产中所拥有的数额等。投资损失是指企业对外投资所发生的损失，包括投资到期收回或者中途转让取得款项低于账面价值的差额，以及按权益法核算的股权投资在被投资单位减少的净资产中所分担的数额。

第六节　资金分配

一、利润的分配

企业当期实现的净利润，加上年初未分配利润（减去年初未弥补亏损）后的余额，为可供分配的利润。一般按下列顺序分配：

1.提取法定盈余公积

提取法定盈余公积，是指企业根据有关法律规定，按照净利润的10%提取盈余公积。法定盈余公积累计金额超过企业注册资本的50%以上时，可以不再提取。

2.提取任意盈余公积

任意盈余公积是企业按股东大会决议提取的盈余公积。

3.应付现金股利或利润

应付现金股利或利润是指企业按照利润分配方案分配给股东的现金股利，也包括非股份有限公司分配给投资者的利润。

4.转作股本的股利

转作股本的股利，是指企业按照利润分配方案以分派股票股利的形式转作股本的股利，也包括非股份有限公司以利润转增的资本。

二、股利政策

股利政策指股份公司在法律范围内，可供企业管理当局选择的有关净利润分配事项的方针和对策。

不同所有制和经营方式的企业都应遵守上文所讲述的分配顺序，考虑到股份有限责任公司的税后利润分配的特殊性，财务制度对此单独作了规定，即按一般顺序在提取公益金后，可按下列顺序分配：A 支付优先股股利；B 提取任意盈余公积金，任意盈余公积金按照公司章程或者股东会议决议提取和使用；C 支付普通股股利。通常，人们把以盈余公积金、公益金、未分配利润等形式留在企业的利润叫做保留盈余、留用利润或留存收益，而把以现金方式支付给股东的利润叫做股利。股份制企业的利润分配主要探讨的就是保留盈余和普通股股利支付的比例关系问题，即股利发放比率的确定，也就是狭义的股利政策。在净利润数额相对有限的情况下，如何合理确定分红与留存的比例，直接关系到有关短期利益与长远利益、股东与企业等关系能否得到妥善处理的问题。确定或选择正确的收益分配政策，对企业是有特别重要的意义。

1. 影响股利政策的因素

公司制定股利政策时必须考虑有关因素。影响股利政策的因素主要有：

（1）法律因素。为了保护债权人和股东的利益，许多国家对股利的支付制定了大量法规，我国有关法律如《公司法》也对此予以一定的硬性限制。这些限制主要体现在以下几个方面：

①资本保全约束。资本保全要求企业发放的股利或投资分红不得来源于原始投资（或股本），而只能来源于企业当期利润或留存收益，如果一个公司的资本已经减少或因支付股利而引起资本减少，则不能支付股利。其目的是为了防止企业任意减少资本结构中所有者权益（股东权益）的比例，以维护债权人利益。

②资本积累约束。它要求企业在分配利润时，必须按一定的比例和基数提取各种公积金、公益金，从而减少了可供分配股利的利润。此外，它要求在具体的分配政策上，贯彻"无利不分"原则，即当企业出现年度亏损时，一般不得支付股利。

③偿债能力约束。如果一个企业已经无力偿付各种到期债务或因支付股利将使它失去偿债能力和正常经营时，公司发放现金股利的数额要受到限制。

④超额累积利润约束。由于投资者接受股利交纳的所得税要高于进行股票交易的资本利得所交纳的税金，许多公司可以通过积累利润使股价上涨方式来帮助股东避税。因此，西方许多国家在法律上明确规定公司不得超额累积利润，如果一个公司盈余的保留超过目前及未来的投资很多，则可看作是过度保留，要受到法律的限制，将被加征额外税款。我国法律目前对此尚未做出规定。

（2）股东因素。公司的股利政策最终由董事会来决定，而董事会是股东的代表，制定股利政策，必须考虑股东的意见，股东出于对自身利益的考虑，可能对公司的股利政策提出限制、稳定或提高股利发放率的不同意见，主要包括：

①控制权考虑。有的公司被少数股东控制，如果公司的股利支付率高，必然导致保留盈余减少，这就意味着将来发行新股的可能性加大，而发行新股会稀释公司的控制权。因此，这些公司的股东往往主张限制股利的支付，而愿意较多地保留盈余，以防止控制权旁落他人。

②避税考虑。股利所得的税率比资本利得的税率要高，因而，一些高收入的股东出于避税考虑，往往要求限制股利的支付，而较多地保留盈余，以便从股价上涨中获利。

③稳定收入考虑。一些股东往往靠定期的股利维持生活。他们要求公司在一定时期内维持固定的股利，反对留有较多的利润。

④规避风险考虑。有些股东认为目前所得股利是确定的，通过增加留存利润引起股价上涨而获得的资本利得是有风险的，因而比较喜欢现在支付较多的股利，而不喜欢未来的较多资本利得，即便是现在较少的股利，也强于未来较多的资本利得，这样他们往往要求较多地支付股利。

（3）公司因素。公司出于长期发展和短期经营考虑，也存在一些影响股利政策的因素，这些因素主要包括：

①盈余的稳定性。盈余相对稳定的企业对未来取得盈余的可能性预测较为准确，且不必考虑以丰补歉，因此有可能支付对盈余不稳定的企业较高的股利；盈余不稳定的企业由于对未来盈余的把握小，不敢贸然采取多分政策，而采取低股利政策，这样有利于保持股价的稳定，减少财务风险。

②资产流动性。较多地支付现金股利，会减少企业现金持有量，使资产的流动性降低，而保持一定的资产流动性是企业经营的基础和必要条件，因此，如果企业的资产流动性差，即使收益可观，也不宜过多地分配现金股利。尤其是扩充中的公司更应保证一定的资产流动性，以应付意外情况的发生，不应该支付大额的股利而危及公司的清偿能力。

③公司举债能力。具有较强举债能力的公司因为能够及时地筹措到所需的现金，有可能采取较宽松的股利政策；而举债能力弱的公司，则宜保留较多的盈余，因而往往采取较偏紧的股利政策。

④未来投资机会。有着良好投资机会的公司，需要有强大的资金支持，因而往往少发放股利，将大部分盈余用于投资，这样也能为广大投资者所接受；缺乏良好投资机会的公司，保留大量资金会造成资金的闲置，可适当增大分红数额。正因为如此，处于成长中的企业多采取低股利政策；陷于经营收缩的企业多采取高股利政策。

⑤资本成本。与发行新股相比，保留盈余能降低筹资的外在成本，包括再筹资费用和资本的实际支出成本。因此，许多企业从资本成本方面考虑，在制定股利政策时，首先将企业的净利润作为一种内部筹资方式，特别是在负债资金较多、资金结构欠佳的时期，采用低股利政策。

另外，有的企业考虑债务需要，或有意地多发放股利使股价上涨，促使已发行的可转换债券尽快地实现转换，从而达到调整资金结构的目的，或通过支付较高股利，刺激公司股价上扬，达到反兼并，反收购目的等，这些因素也都会影响到企业的股利政策。

（4）其他因素。企业股利政策除了受上述因素影响外，还会受到其他外部因素的影响。主要有：

①债务合同限制。在公司的债券和贷款合同上，通常有限制企业支付股利的条款，以保护债权人的利益。主要包括：一是未来的股利只能以签订合同之后的利润发放；二是营运资金低于某一特定金额时不得发放股利；三是将利润的一部分以偿债基金的形式留存下来；四是利息保障倍数低于一定水平时不得支付股利等。当存在这种限制时，企业当然要采取低股利政策。有时管理当局也愿意实行这种限制，因为这样不用向股东详细说明保留盈余的利弊得失，只指出借款合同有此限制即可。

②通货膨胀。在通货膨胀的情况下，企业折旧基金的购买力水平下降，会导致固定资

产重置资金来源不足,这时盈余会被当成弥补折旧基金购买力水平下降的资金来源,因此在通货膨胀时期企业往往采取偏紧的股利政策。

2.股利政策的评价与选择

企业在确定股利政策时,应综合考虑上述各种影响因素,结合自身实际情况,权衡利弊得失,从优选择。在实务中,企业经常采用的股利政策主要有:

(1)剩余政策。在这种政策下,企业盈余首先用于满足按最优资金结合和投资额所确定的对权益资金的要求,在满足了这一要求以后如果还有剩余,则将剩余部分用于发放股利。这一政策一般采用以下步骤:

①确定企业最优资金结构,使得在此结构下的加权平均资金成本最低;

②根据最优资金结构和企业投资总量确定所需权益资金数额;

③最大限度地使用净利润来满足投资方案所需的权益资金数额,如果净利润不能满足企业对权益资金的要求,则需发行新普通股来弥补不足;

④净利润在满足权益资金需要后还有剩余,则将剩余部分分给普通股东。

例如:某公司2015年度提取公积金、公益金后的净利润为1 000万元,2016年度投资计划所需资金800万元,公司的最优资金结构为权益资金占50%,借入资金占50%。则按照最优资金结构和2016年度投资计划的要求,公司投资方案所需要权益资金数额为:

800×50%=400(万元)

按照剩余政策的要求,该公司2015年度可向投资者发放的股利数额为:

1 000 - 400=600(万元)

这种政策的优点是能充分利用筹资成本最低的资金来源,保持理想的资金结构,使加权平均资金成本最低,且股利政策能与投资机会相结合;缺点是股利波动不定,容易造成股票价格的大幅度变化,给普通股股东造成较大风险,也不利于投资者安排收入和支出。

(2)固定股利政策或持续增长的股利政策。在这种政策下,公司在较长期内都将分期支付固定的股利额,股利不随经营状况的变化而变动,只有当公司认为未来盈余会显著地、不可逆转地增长时,才提高年度的股利发放额。不过,在通货膨胀的情况下,大多数公司的盈余会随之提高,且大多数投资者也希望公司能提供足以抵消通货膨胀不利影响的股利,因此在长期通货膨胀的年代里也应提高股利发放额。

采用固定股利政策的企业,大多属于收益比较稳定或正处于成长期、信誉一般的公司。

采用这一政策的优点在于:

①固定或持续增长的股利有利于公司树立良好的形象,有利于稳定公司股票价格,投资者风险小,从而增强投资者对公司的信心。

②稳定的股利有利投资者安排收入与支出,特别是那些对股利有较强依赖性的股东更是如此。

采用这一政策的缺点在于股利的支付与公司盈利能力相脱节,盈利降低时也固定不变地支付较高的股利,容易引起公司资金短缺,导致财务状况恶化的后果。

(3)固定股利比例政策。采用这种政策,要求公司每年按股利占净利润的固定比例支付股利,每年股利将随盈余的多少变动。这一政策的优点是保持股利与利润间的一定比例关系,使股利的支付与盈余很好配合,体现了风险投资与风险收益的对等,但它不利于股票价格的稳定。

（4）正常股利加额外股利政策。这种政策要求企业每年按某一固定的、较低的数额支付固定股利，当企业年景好、盈利有较大幅度增加时，再根据实际需要，向股东临时发放一些额外股利。

采用这种政策的优点是具有较大的灵活性，可给企业较大的弹性，由于平常股利发放水平较低，故在企业净利润很少或需要将相当多的净利润留下来用于再投资时，企业仍然可以维持既定的股利发放水平，避免股价下跌的风险；企业一旦拥有充裕的现金，就可以发放额外股利方式带动股价上升，因此这一政策既可保证股利支付的稳定，又能做到股利和盈余及投资机会有较好地配合，当公司的盈余和现金流量波动都比较剧烈时，采用此种政策最佳。

3. 股利支付方式

股利支付方式有多种，常见的有以下几种：

（1）现金股利。以现金支付股利，是企业最常见的、也是最易被投资者接受的股利支付方式。但采用现金股利方式时，企业必须具备以下两个基本条件：一是企业要有足够的未指明用途的留存收益；二是企业要有足够的现金。

（2）财产股利。以现金以外的资产支付股利的方式，主要是以公司所拥有的其他企业的有价证券，如债券、股票作为股利支付给股东。

（3）负债股利。公司以负债支付股利的方式，通常以公司的应付票据支付给股东，不得已情况下也有发行公司债券抵付股利的。这种股利方式目前在我国公司实务中很少使用，但并非法律所禁止。

（4）股票股利。公司以增发股票作为股利的支付方式。在实际操作过程中，有的公司增资发行新股时，预先扣除当年应分配股利，减价配售给老股东，即通常所说的配股；也有的发行新股时进行无偿增资配股，即股东不须缴纳任何现金和实物，即可取得公司发行的股票，也就是通常所说的送股。

采用这种方式有以下几点好处：

①企业发放股票股利可免付现金，保留下来的现金，可用于追加投资，扩大企业经营；

②股票变现能力强，易流通，股东乐于接受，是股东获得原始股的好机会。

第七节　财务报告与财务评价

一、财务报告

财务报告是反映企业财务状况和经营成果的书面文件，包括资产负债表、利润表、现金流量表、所有者权益（股东权益，下同）变动表、附注。其中，现金流量表的编制和列报，适用《企业会计准则第 31 号——现金流量表》及其应用指南；合并财务报表的编制和列报，适用《企业会计准则第 33 号——合并财务报表》及其应用指南；中期财务报表的编制和列报，适用《企业会计准则第 32 号——中期财务报告》。

资产负债表、利润表、现金流量表的格式详见表 6-1、表 6-2 和表 6-3。

表 6-1

资 产 负 债 表

年 月 日

会企 01 表

编制单位：

单位：元

资产	期末余额	年初余额	负债和所有者权益	期末余额	年初余额
流动资产：			流动负债：		
货币资金			短期借款		
以公允价值计量且其变动计入当期损益的金融资产			以公允价值计量且其变动计入当期损益的金融负债		
应收票据			应付票据		
应收账款			应付账款		
预付款项			预收款项		
应收利息			应付职工薪酬		
其他应收款			应交税费		
存货			应付利息		
一年内到期的非流动资产			其他应付款		
其他流动资产			一年内到期的非流动负债		
流动资产合计			其他流动负债		
非流动资产：			流动负债合计		
可供出售金融资产			非流动负债：		
持有至到期投资			长期借款		
长期应收款			应付债券		
长期股权投资			长期应付款		
投资性房地产			专项应付款		
固定资产			预计负债		
在建工程			递延所得税负债		
工程物资			递延收益		
固定资产清理			其他非流动负债		
生产性生物资产			非流动负债合计		
油气资产			负债合计		
无形资产			所有者权益（或股东权益）：		
开发支出			实收资本（或股本）		
商誉			资本公积		
长期待摊费用			减：库存股		
递延所得税资产			其他综合收益		
其他非流动资产			盈余公积		
非流动资产合计			未分配利润		
			外币报表折算差额		
			少数股东权益		
			所有者权益（或股东权益）合计		
资产总计			负债和所有者权益（或股东权益）总计		

表 6-2

利润表

年

会企 02 表

编制单位：

单位：元

项目	本期数	上年同期数
一、营业收入		
减：营业成本		
营业税金及附加		
销售费用		
管理费用		
财务费用		
资产减值损失		
加：公允价值变动收益（损失以"-"号填列）		
投资收益（损失以"-"号填列）		
其中：对联营企业和合营企业的投资收益		
汇兑收益（损失以"-"号填列）		
二、营业利润（亏损以"-"号填列）		
加：营业外收入		
其中：非流动资产处置利得		
减：营业外支出		
其中：非流动资产处置损失		
三、利润总额（亏损总额以"-"号填列）		
减：所得税费用		
四、净利润（净亏损以"-"号填列）		
归属于母公司所有者的净利润		
少数股东损益		
五、其他综合收益的税后净额		
（一）以后不能重分类进损益的其他综合收益		
1.重新计量设定受益计划净负债或净资产的变动		
2.权益法下在被投资单位不能重分类进损益的其他 ⋮		
（二）以后将重分类进损益的其他综合收益		
1.权益法下在被投资单位以后将重分类进损益的其		
2.可供出售金融资产公允价值变动损益		
3.持有至到期投资重分类为可供出售金融资产损益		
4.现金流量套期损益的有效部分		
5.外币财务报表折算差额 ⋮		
六、综合收益总额		
七、每股收益：		
（一）基本每股收益		
（二）稀释每股收益		

表 6-3　　　　　　　　　　　　　现金流量表

年度　　　　　　　　　　　　　　　　　　　会企 03 表

编制单位　　　　　　　　　　　　　　　　　　　单位：元

项目	本期金额	上期金额
一、经营活动产生的现金流量		
销售商品、提供劳务收到的现金		
收到的税费返还		
收到其他与经营活动有关的现金		
经营活动现金流入小计		
购买商品、接受劳务支付的现金		
支付给职工以及为职工支付的现金		
支付的各项税费		
支付其他与经营活动有关的现金		
经营活动现金流出小计		
经营活动产生的现金流量净额		
二、投资活动产生的现金流量		
收回投资收到的现金		
取得投资收益收到的现金		
处置固定资产、无形资产和其他长期资产收回的现金净额		
处置子公司及其他营业单位收到的现金净额		
收到其他与投资活动有关的现金		
投资活动现金流入小计		
购建固定资产、无形资产和其他长期资产支付的现金		
投资支付的现金		
取得子公司及其他营业单位支付的现金净额		
支付其他与投资活动有关的现金		
投资活动现金流出小计		
投资活动产生的现金流量净额		
三、筹资活动产生的现金流量		
吸收投资收到的现金		
取得借款收到的现金		
收到其他与筹资活动有关的现金		
筹资活动现金流入小计		
偿还债务支付的现金		
分配股利、利润或偿付利息支付的现金		
支付其他与筹资活动有关的现金		
筹资活动现金流出小计		
筹资活动产生的现金流量净额		
四、汇率变动对现金及现金等价物的影响		
五、现金及现金等价物净增加额		
加：期初现金及现金等价物余额		
六、期末现金及现金等价物余额		

编制财务报告的目的是为了向现有的和潜在的投资者、债权人、政府部门及其他机构等信息使用者提供企业的财务状况、经营成果和现金流量信息，以有利于正确地进行经济决策。

企业必须按照国家统一会计制度规定，定期编制财务报告。财务报告可以分为月度、季度、年度等编制。公开发行股票的股份有限公司还应发布半年编报一次的财务报告。

财务报告的时间是由国家发布的各行业统一会计制度规定的，一般来说，资产负债表、利润表按月编制，现金流量表和利润分配表等表按年编制，各种附表和财务状况说明书随年报表的要求编制。

财务报告提供的信息有较强的时间性，各单位必须及时编制和报送。

要搞清楚资产负债表、利润表以及现金流量表的关系，我们先应搞清楚支出、费用及资产的关系。所有的支出都会引起现金的增减变化，因此都要记入现金流量表，具体到记入资产负债表还是利润表，就要看该支出是管1年还是管1年以上，如果只管1年，就记入利润表，作为当期费用直接处理掉；如果管1年以上，一般就要进行资本化处理，作为资产记入资产负债表。

利润表中的"营业收入"、现金流量表中的销售商品、提供劳务收到的现金"以及资产负债表中的应收账款"等项目之间存在勾稽关系。一般在不考虑应交税费中的有关税金的变动数的情况下，可以简单估算为：营业收入−应收账款、应收票据=销售商品、提供劳务收到的现金。实际上，权责发生制表达的企业盈利就是利润表；收付实现制表达的盈利就是现金流量表。

二、财务评价

企业总结和评价本企业财务状况及经营成果的财务指标包括偿债能力指标、营运能力指标和盈利能力指标。具体而言，包括资产负债率、流动比率、速动比率、应收账款周转率、存货周转率、资本金利润率、销售利税率、成本费用利润率等。

工业企业财务评价指标及计算公式：

1. 资产负债率

资产负债率用来衡量企业利用债权人提供资金进行经营活动的能力，以及反映债权人发放贷款的安全程度。计算公式为：

$$资产负债率 = \frac{负债总额}{全部资产总额} \times 100\%$$

2. 流动比率

流动比率用来衡量企业流动资产在短期债务到期以前可以变为现金用于偿还流动负债的能力。计算公式为：

$$流动比率 = \frac{流动资产}{流动负债}$$

3. 速动比率

速动比率用来衡量企业流动资产中可以立即用于偿付流动负债的能力。计算公式为：

$$速动比率 = \frac{速动资产}{流动负债}$$

$$速动资产 = 流动资产 - 存货$$

4. 应收账款周转率

应收账款周转率反映了企业应收账款的流动程度。计算公式为：

$$应收账款周转率 = \frac{赊销收入净额}{平均应收账款余额} \times 100\%$$

赊销收入净额 = 销售收入 - 现销收入 - 销售退回折让、折扣

平均应收账款余额 = （期初应收账款 + 期末应收账款）÷2

5. 存货周转率

存货周转率用来衡量企业销售能力和存货是否过量。计算公式为：

$$存货周转率 = \frac{销货成本}{平均存货} \times 100\%$$

平均存货 = （期初存货 + 期末存货）÷2

6. 资本金利润率

资本金利润率用来衡量投资者投入企业资本金的获利能力。计算公式为：

$$资本金利润率 = \frac{利润总额}{资本金总额} \times 100\%$$

7. 销售利税率

销售利税率用来衡量企业销售收入的收益水平。计算公式为：

$$销售利税率 = \frac{利税总额}{销售净额} \times 100\%$$

8. 成本费用利润率

成本费用利润率用来反映企业成本费用与利润的关系。计算公式为：

$$成本费用利润率 = \frac{利润总额}{成本费用总额} \times 100\%$$

第七章

模拟企业经营、战略、决策管理

第一节 模拟企业经营管理简介

一、经营

经营有筹划、谋划、计划、规划、组织、治理、管理等含义。

1. 经营者

经营者是经营活动的主体，没有经营者就不可能有经营活动。物质资料的经营者可以是个人，也可以是几个人的集合或团体（企业董事会）。社会的经营者一般是团体（例如总统委员会或政治局）。

2. 经营对象

经营对象是经营的客体。经营对象是经营者把自己的经营活动加于其上的东西。例如，企业的经营对象是物质资料，企业是经济的载体；政府的经营对象是人类本身即社会，政府是政治的载体。

3. 经营权

经营权是实现经营的手段。经营权是指经营者对经营对象的占有、支配、使用和处理或强制、规范并承担经营责任的权力。物质资料的经营权称为经济权力，它一般表现为企业经营权；社会的经营权称为政治权力，它一般体现为政府经营权。

4. 经营的载体

经营的载体是指经营活动得以进行的组织。经济的载体一般是家庭、企业，而政治的载体只能是政府。

5. 经营的分类

按照不同的划分标准，经营可以分为不同类型，一般来说，经营可按经营的对象（内容）和经营的载体来分类。

（1）按经营的对象（内容）来分类，经营可以分为物质资料经营和社会经营，即可分为经济和政治。

①经济即物质资料经营是指个人或团体为了获得最大的物质利益而运用经济权力（由产权派生出来的经营权），用最少的物质消耗创造出尽可能多的能够满足人们各种需要的产品（含有形产品和无形产品）的人类最基本的活动。经济被人们解释为"经邦济世"

"经国济民"，也有被人理解为在相互竞争的用途之间配置稀缺资源的一种机制。

②政治即社会经营是指团体为了维护经济和生活的社会秩序及社会公正而运用政治权力（由政权派生出来的经营权）规范人们的意识、行为，平衡人们之间的利益冲突的强制性人类活动。经济和政治既存在本质的区别，又有着紧密的联系。

③政治和经济的区别表现在以下方面：

A.经济和政治的目标不同。经济所追求的目标是取得最大的物质利益（即经济利益），政治所追求的是社会效果，即追求社会公正和社会稳定，并使人们追求物质利益的行为规范化。

B.经济和政治采用的手段不同。经济主要通过利益刺激的手段来实现其目的，而政治主要通过法律的手段来实现其目的。

C.经济和政治的载体不同。经济的载体是家庭和企业，政治的载体是政府。所以，能成为利益主体的只能是个人或家庭和企业，而政府不能成为利益的主体，同时政府的组成部分——各主管部门、地方政府也不能成为利益的主体，因为政府不是经济的载体。一个国家的经济载体可以有许多个，也就是说一个国家可以有许多个人或家庭工商户和企业。但一个国家的政治载体一般只有一个，就是政府。

D.经济和政治的对象不同，经济的对象是物质资料，而政治的对象是人（主要是人的意识、行为）。

④政治和经济的联系表现为以下几点：

A.首先，经济形态和政治形态及思维形态共同组成了完整的意识形态，经济结构、政治结构和思维结构共同构成了完整的意识结构。

B.经济和政治具有辩证的关系。经济是基础，经济决定政治，经济对政治具有决定作用；政治对经济具有能动的反作用，但政治必须要适应经济的发展，政治是为经济服务的，政治的一个重要的目的就是为经济提供一个公正合理的环境和良好的秩序。

从以上可知，政治不能代替经济，更不能利用政治权力来从事经济工作，否则必然会使整个社会处于无政府状态，破坏正常的经济秩序，并导致大量的腐败现象。

（2）按经营的载体来分类，经营可分为政府经营、企业经营和家庭经营。

①政府经营是政府社会经营的简称，政府是政治的载体，政治的载体被称为政治组织。

②企业和家庭是经济的载体，其经营对象是物质资料。今后随着社会生产力的发展，企业将成为未来社会最普遍、最一般的经济载体，而家庭作为经济载体的形式将逐渐被淘汰。经济的载体（主要是企业）被称为经济组织。

③政治组织和经济组织合称为经营组织。经营组织是承担经营任务的组织，经营组织是和社会群体组织相对的。经营组织和社会群体组织的根本区别是：经营组织内部存在严格的权力等级结构，而社会群体组织内部不存在严格的权力等级结构，其内部每个成员的权力都是等同的。

本部分研究经营的重点是指企业进行市场活动的行为，它具有商业性、营利性、竞争性的特点。就企业来讲，经营是对外的，追求从企业外部获取资源和建立影响。追求的是效益，要开源、要赚钱。经营是扩张性的，要积极进取，抓住机会。

二、管理

管理，是指管理主体组织并利用其各个要素（人、财、物、信息和时空），借助管理手段，完成该组织目标的过程。

（1）管理主体是一个组织，这个组织可能是一个国家、一个单位，也可能是一个正式组织或非正式组织。

（2）管理主体包含 5 个方面的要素：人（决策者、执行者、监督者）、财（资金）、物（土地、生产设备及工具、物料等）、信息（管理机制、技术与方法及管理用的各种信息等）、时空（时点和持续时间、地理位置及空间范围）。

（3）管理的手段包括 5 个方面：强制（战争、政权、暴力、抢夺等）；交换（双方意愿交换）；惩罚（物质性的和非物质性的，包括强制、法律、行政、经济等方式）；激励；沟通与说服。

（4）管理的过程包括 6 个环节：管理规则的确定（组织运行规则，如章程及制度等）；管理资源的配置（人员配置及职责划分与确定、设备及工具、空间等资源配置与分配）；目标的设立与分解；组织与实施；过程控制（检查、监督与协调）；效果评价、总结与处理（奖惩）。

广义的管理是指应用科学的手段安排组织社会活动，使其有序进行。狭义的管理是指为保证一个单位全部业务活动而实施的一系列计划、组织、协调、控制和决策的活动。

本部分研究管理的重点是指狭义的管理，即企业管理。

管理是决策，是协调企业内部人和人以及人和物的关系，最大限度发挥人力、物力、财力的作用。就企业来讲，管理是对内的，强调对内部资源的整合和建立秩序。管理追求的是效率，要节流，要控制成本。管理是收敛性的，要谨慎稳妥，要评估和控制风险。

三、经营管理

经营管理是指在企业内，为使生产、营业、劳动力、财务等各种业务能按经营目的顺利地执行、有效地调整，所进行的系列管理、运营活动。经营管理的核心是根据市场的不断变化适时地做出正确的经营管理决策。

经营侧重于动态地谋划发展，管理侧重于使其正常合理地运转。经营和管理合称经营管理。

1. "经营"与"管理"的区别

（1）企业运营包括经营和管理这两个主要环节，通常按照企业管理工作的性质，将营销、生产称作"经营"，之外的管理内容称为"管理"。我们也经常把经营和管理放在一起讲，实际情况也是经营中的科学决策过程便是管理的渗透，而管理中的经营意识可以说是情商的体现。把经营和管理严格区分开来是误区，也是务虚的表现。

（2）经营与管理相互依赖，密不可分。忽视管理的经营是不能长久，不能持续的，挣回来多少钱，又浪费掉多少钱，"竹篮打水一场空"，白辛苦。忽视经营的管理是没有活力的，是僵化的，为了管理而管理，为了控制而控制，只会把企业管死；企业发展必须有规则，有约束，但也必须有动力，有张力，否则就是一潭死水。

（3）经营是龙头，管理是基础，管理必须为经营服务。企业要做大做强，必须要关注经营，研究市场和客户，并为目标客户提供有针对性的产品和服务。只有管理跟上了，经营才可能继续前进，经营前进后，又会对管理水平提出更高的要求。所以，企业发展的规律就是：经营—管理—经营—管理交替前进，就像人的左脚与右脚。撇开管理，光抓经营是行不通的，管理扯后腿，经营就前进不了；反之，撇开经营，光抓管理，就会原地踏步甚至倒退。

2.经营管理的任务

合理地组织生产力，使产、供、销各个环节相互衔接，密切配合，人、财、物各种要素合理结合，充分利用，以尽量少的活劳动消耗和物质消耗，生产出更多的符合社会需要的产品。

3.经营管理的内容

合理确定企业的经营形式和管理体制，设置管理机构，配备管理人员；搞好市场调查，掌握经济信息，进行经营预测和经营决策，确定经营方针、经营目标和生产结构；编制经营计划，签订经济合同；建立、健全经济责任制和各种管理制度；搞好劳动力资源的利用和管理，做好思想政治工作；加强土地与其他自然资源的开发、利用和管理；搞好机器设备管理、物资管理、生产管理、技术管理和质量管理；合理组织产品销售，搞好销售管理；加强财务管理和成本管理，处理好收益和利润的分配；全面分析评价企业生产经营的经济效益，开展企业经营诊断等。

4.经营管理的职能

经营管理职能包括五个方面的内容，即战略职能、决策职能、开发职能、财务职能和公共关系职能。

（1）战略职能。战略职能是企业经营管理的首要职能。因为，企业所面对的经营环境是一个非常复杂的环境。影响这个环境的因素很多，变化很快，而且竞争激烈。在这样一个环境里，企业要想长期稳定地生存与发展，就必须高瞻远瞩，审时度势，随机应变。经营管理的战略职能包括五项内容：经营环境分析、制定战略目标、选择战略重点、制定战略方针和对策、制定战略实施规划。

（2）决策职能。经营职能的中心内容是决策。企业经营的优劣与成败，完全取决于决策职能。决策正确，企业的优势能够得到充分的发挥，扬长避短，在风险经营环境中以独特的经营方式取得压倒性的优势；决策失误，将使企业长期陷于困境之中。

（3）开发职能。开发不仅仅限于人、财、物，经营管理的开发职能的重点在于产品的开发、市场的开发、技术的开发，以及能力的开发。企业要在激烈的市场竞争中稳操胜券，就必须拥有第一流的人才、第一流的技术，制造第一流的产品，创造出第一流的市场竞争力。企业只有在技术、人才、产品、服务、市场适应性方面都出类拔萃，才能在瞬息万变的市场竞争中得心应手，应付自如。

（4）财务职能。财务过程，是指资金的筹措、运用与增值的过程。财务职能集中表现为资金筹措职能、资金运用职能、增值价值分配职能以及经营分析职能。企业经营的战略职能、决策职能、开发职能，都必须以财务职能为基础，并通过财务职能做出最终的评价。

（5）公共关系职能。企业同它赖以存在的社会经济系统的诸环节保持协调，这种同外部环境保持协调的职能，被称为社会关系职能或公共关系职能。

公共关系的内容包括：企业与投资者的关系、与往来厂商的关系、与竞争者的关系、与顾客的关系、与职工的关系、与地区社会居民的关系、与公共团体的关系、与政府机关的关系。

第二节　模拟企业战略管理简介

企业经营犹如浪里行舟，想要战胜狂风巨浪驶向彼岸，就离不开舵手和罗盘。同样，企业要想在瞬息万变的市场环境中生存与发展，就离不开高超精明的管理团队和切实可行的企业战略。

一、战略简介

1.战略的定义

"战略"一词源于军事术语，指筹划和指导战争全局的方略。

战略有多种表述，可分为传统概念与现代概念两类。战略的传统概念是以美国哈佛大学教授波特为代表，他认为"战略是公司为之奋斗的一些终点与公司为达到它们而寻求的途径的结合物"。波特的定义概括了 20 世纪 60—70 年代对战略的认识。由于此时环境变化并不明显，是相对稳定的状态，因此，波特的定义强调战略的属性为计划性、全局性和长期性。

而战略的现代概念是以加拿大学者明茨伯格为代表的，他认为战略是"一系列或整套的决策或行动方式"。到了 20 世纪 80 年代，企业外部环境变化明显加快，因此现代战略的概念认为战略只包括为达到企业的终点而寻求的途径，而不包括企业终点本身；从本质区别来看，现代概念强调战略的应变性、竞争性和风险性。

美国学者汤姆森 1998 年指出，"战略既是预先性的又是反应性的"。换言之，"战略制定的任务包括制订一个策略计划，即预谋战略，然后随着事情的进展不断对它进行调整。一个实际的战略是管理者在公司内外各种情况不断暴露的过程中不断规划和再规划的结果"。

2.企业的使命与目标

（1）企业的使命。企业的使命是表明企业到底为什么会存在，存在的根本原因是什么，在社会经济发展中承担什么样的责任，扮演着什么样的角色等。因此，企业的使命是要阐明企业组织的根本性质与存在理由，它包括三个方面：

①公司目的。公司目的是企业组织的根本性质和存在理由的直接体现。组织按其存在理由可分为营利组织与非营利组织。对于营利组织，其首要目的是为其所有者带来经济价值，其次的目的是履行社会责任。而非营利组织其首要目的是提高社会福利，而不是营利。我们在此主要对营利组织进行研究。对于营利组织，公司的生存、发展、获利三个目的不断地演进和平衡决定企业的战略方向。

②公司宗旨。公司宗旨阐述公司长期的战略意向，其具体内容主要说明公司目前和未来所要从事的经营业务范围，也就是公司的业务是什么。

公司宗旨反映出企业的定位。定位是指企业采取措施适应所处的环境。定位包括相对于其他企业的市场定位，如生产或提供什么类型的产品或服务，或以什么样的方式满足客户和市场的需求，如何分配内部资源以保持企业的竞争优势等。

③经营哲学。经营哲学是为企业经营活动所确立的价值观、基本信念和行为准则，是

企业文化的高度概括。经营哲学主要通过公司对利益相关者的态度，公司提倡的共同价值观、政策和目标以及管理风格等方面体现出来。

（2）企业的目标。由于使命是概括的、抽象的、模糊的，因此需要对企业使命进行具体化来确立企业目标。德鲁克对公司目标进行了概括："各项目标必须从'我们的企业是什么，它将是什么，它应该是什么'引导出来。它们不是一种抽象，而是行动的承诺，借以实现企业的使命；它们也是一种用以衡量工作成绩的标准。换句话说，目标是企业的基本战略。"公司目标是一个体系。建立目标体系的目的是将公司的业务使命转换成具体的业绩目标，从而使得公司的进展有一个可以测量的标准。实现目标的途径，就是战略。

3. 战略内容

企业战略管理包括战略分析、战略选择、战略实施三个环节。其中，战略分析包括：明确战略指导思想；分析外部环境和内部条件；制定战略目标；确定战略重点；制定战略对策；战略执行；战略控制等。

（1）明确战略指导思想。战略指导思想是指导战略制定和执行的基本思想。它主要包括以下几方面：

①市场导向，需求驱动，尽量满足社会需求。企业要围绕市场运转，千方百计满足市场需求，努力提高市场占有率。

②依靠品种、质量、成本取胜。企业要改变粗放式管理，转向精细化管理，努力提高产品的技术含量和附加值，保证和提高产品质量，降低成本。

③实现系统整体优化。企业是一个由各个方面有机结合而成的复杂系统，要对企业生产经营的诸要素进行优化组合与合理配置，实现系统整体优化，协调和平衡局部与局部之间、局部与整体之间相互适应关系，提高企业经济效益。

④善于竞争，优胜劣汰。企业要进入市场竞争体系，适应优胜劣汰的激烈竞争，充分调动和运用自己的各种资源，在竞争中求得生存与发展。

⑤长远观点，放眼未来。制定和实施企业战略都必须具有长远观点，切忌急功近利。不断改造内涵，加大技术改造力度，增强企业后劲。

⑥以人为本，依靠全体职工。建立以人为中心的管理，真正体现尊重人、理解人和关心人，充分依靠和调动全体职工的积极性，去实现企业的战略目标。

（2）分析外部环境和内部条件。要认真分析企业外部环境，及时收集和准确把握企业的各种各样的外部环境信息。要客观分析企业内部条件，明确本企业的优势和薄弱环节等。

（3）制定战略目标。战略目标是企业在一定的战略期内总体发展的总水平和总任务。它决定了企业在该战略期间的主要行动方向，是企业战略的核心。制定战略目标要注意以下几点：

①对象明确。有预期服务的对象，要完成的任务和达到的结果。

②定量和定性相结合。对企业预期达到的结果，既有定量指标，又有定性内容。在定量指标方面，有产品产量、净产值、销售收入、新产品开发品种、产品性能、劳动生产率等。

③时间限定清晰，并且保证长、中、短期目标相互衔接协调。

（4）确定战略重点。战略重点是指企业对于实现战略目标具有决定性作用的关键方面或关键环节。它通常包含两方面的含义，即战略优势和战略劣势。

①战略优势是指企业在较长时期内，在关系全局经营成败方面拥有强大的实力。

②战略劣势是指企业在实现战略目标中难免出现的薄弱环节，需要在资金、人力、物资、技术和管理等方面采取切实有效的措施予以解决，达到综合平衡，使劣势逐渐转化。

（5）制定战略对策。战略对策是指为实现企业战略目标而采取的重大举措。它包括从属于企业战略的企业生产经营活动的各种方针、策略和措施等。

（6）战略执行。为了有效执行企业制定的战略，一方面要依靠各个层次的组织机构及工作人员共同配合和积极工作，另一方面要通过企业的生产经营综合计划、各种专业计划、预算、具体作业计划等去具体实施战略目标。

（7）战略控制。战略控制是将战略执行过程中实际达到目标所取得的成果与预期的战略目标进行比较，评价达标程度，分析其原因，及时采取有力措施纠正偏差，以保证战略目标的实现。

二、企业战略管理的层次

一般情况下，可将战略分为三个层次：总体战略、业务单位战略（或竞争战略）、职能战略。从战略的层次与管理的层次关系上看，总体战略由企业最高管理层制定；业务单位战略由事业部门管理层制定；职能战略由职能部门管理层制定。

1.总体战略

总体战略又称公司层战略，是企业最高层次的战略。它需要根据企业的目标选择企业可以参与的经营领域，合理配置企业经营所必需的资源，使各项经营业务相互支持、相互协调。总体战略常常涉及整个企业的财务结构和组织结构方面的问题。

总体战略可分为三类：发展战略、稳定战略和收缩战略。

（1）发展战略。发展战略是企业充分挖掘外部环境的机会和企业内部的优势资源，以向更高一级的方向发展为目的。发展战略主要包括一体化战略、密集型战略和多元化战略。

①一体化战略。一体化战略是指企业对具有优势和增长潜力的产品或业务，沿其经营链条的纵向或横向延展业务的深度和广度，扩大经营规模，实现企业成长。一体化战略可分为纵向一体化和横向一体化。

纵向一体化战略是指企业沿着产品或业务向前或向后延伸和扩展企业现有业务的战略。企业获得分销商或零售商的所有权或加强控制权的战略是前向一体化；后向一体化战略是指企业获得供应商的所有权或加强控制权。

横向一体化战略是指企业收购、兼并或联合竞争企业的战略。企业采取横向一体化战略的主要目的是减少竞争压力、实现规模经济和增强自身实力，从而获得竞争优势。

②密集型战略。根据安索夫的"产品—市场战略组合"矩阵，密集型战略包括市场渗透、市场开发、产品开发三种。

市场渗透是基于现有市场，通过市场营销手段来增加现有产品的销量以扩大市场占有率。

市场开发是将现有产品或服务销售到新市场的战略。

产品开发是在原有市场上，通过技术改进与开发研制新产品。这种战略可以延长产品寿命周期，提高产品的差异化程度，满足市场新的需求，从而改善企业的竞争地位。

③多元化战略。多元化战略是指企业进入与现有产品和市场不同的领域。多元化战略又可以分为相关多元化和非相关多元化两种。

相关多元化，又称同心多元化，是指企业以现有业务或市场为基础进入相关产业或市场的战略。非相关多元化也称为离心多元化，是指企业进入与当前产业和市场均不相关的领域的战略。

（2）稳定战略。稳定战略又称维持战略，是指限于经营环境和内部条件，企业在战略期所期望达到的经营状况基本保持在战略起点的范围和水平上的战略。采取稳定战略的企业不需要改变自己的使命和目标，企业只需要集中资源于原有的经营范围和产品，以增强其竞争优势。

（3）收缩战略。收缩战略也称撤退战略，是指那些没有发展潜力或者发展潜力很渺茫的企业所采取的战略。它具体所包括紧缩与集中战略、转向战略、放弃战略。

2. 业务单位战略

业务单位战略也称竞争战略，波特教授把竞争战略描述为：采取进攻性或防守性行动，在产业中建立起进退有据的地位，成功地对付五种竞争力，从而为公司赢得超常规的投资收益。竞争战略可以归纳为三种：成本领先战略、差异化战略、重点集中战略。

①成本领先战略。成本领先战略是指企业通过加强成本控制，在研究开发、生产、销售、服务和广告等领域把成本降到最低的限度，成为产业中的成本领先者的战略。采用成本领先战略的优势有：

第一，形成进入障碍。现有企业的低成本会对新进入者造成威胁，如果新进入者也要达到低成本就要加大投资，因此风险提高。

第二，增强讨价还价能力。低成本可以提高企业与供应者、购买者讨价还价的能力。

第三，降低替代品的威胁。在与替代品竞争时，企业可以凭借其低成本的优势吸引大量的顾客，降低或缓解替代品的威胁，使自己处于有利的竞争地位。

第四，保持领先的竞争地位。在竞争不激烈的领域，低成本可以稳定价格，获得较高收益；在竞争激烈的领域，价格将成为主要的竞争手段，低成本将获得优势。

②差异化战略。差异化战略是指企业向顾客提供的产品和服务在产业范围内独具特色，这种特色可以给产品带来额外的加价，如果一个企业的产品和服务的溢出价格超过因其独特性所增加的成本，那么，拥有这种差异化的企业将获得竞争优势。

采用差异化战略的优势有：

第一，形成进入障碍。由于产品的特色，顾客对该产品或服务具有很高的忠诚度，从而使该产品和服务具有较高的进入壁垒。

第二，降低顾客的敏感程度。这里的敏感程度指的是客户对价格的敏感程度，当顾客对产品和服务形成忠诚度后就会弱化对价格的敏感程度，使企业在产业竞争中形成一个隔离地带，避免竞争的侵害。

第三，增强讨价还价能力。由于购买者的忠诚度较高，对价格的敏感程度又较低，企业可以运用这一战略削弱购买者讨价还价的能力。

第四，防止替代品威胁。能否替代老产品，主要取决于新老两种产品的性能。差异化战略通过提高产品的性能，可以抵御替代品的威胁。

③重点集中战略。重点集中战略针对某一特定购买群体，产品细分市场或区域市

场，采用成本领先或产品差异化来获取竞争优势的战略。重点集中战略通常是中小企业采用的战略，可以分为集中成本领先和集中差异战略。企业采用重点集中战略的优势在于：成本领先和差异化战略的优势都能体现出来。此外，由于重点集中战略避开了在大范围内与竞争对手的直接竞争，所以，对于一些力量还不足以与实力雄厚的大公司抗衡的中小企业来说，重点集中战略的实施可以增强其相对竞争优势。对于大企业来说，采用重点集中战略也能够避免与竞争对手正面冲突，使企业处于一个竞争的缓冲地带。

3. 职能战略

职能战略又称职能层战略，主要涉及企业营销、财务、生产、研发、人力资源等职能部门。职能战略主要考虑这些部门如何更好地配置企业内部资源，为各级战略服务，提高组织效率。

（1）市场营销战略。市场营销战略是企业在综合考虑外部市场机会及内部资源状况等因素的基础上，确定目标市场，选择相应的市场营销策略组合，并予以有效实施和控制的过程。市场营销战略包括两个步骤，一是确定目标市场；二是设计市场营销组合。

①确定目标市场。确定目标市场要进行市场细分和目标市场选择。

第一，市场细分。企业通过市场营销研究和市场细分，可以了解不同购买者群体的需要情况和目前是否得到满足，在满足程度较低的市场可能存在市场机会。

市场细分要依据一定的细分变量来进行。消费者市场的细分变量主要有地理、人口、心理和行为。

地理细分是企业按照消费者所在的地区以及其他地理变量来细分消费市场，例如地形、气候、交通运输等。

人口细分是企业按照人口变量来细分消费者市场，例如年龄、性别、收入、职业等。人口细分一直是细分消费者市场的重要变量。

心理细分是按照消费者的生活方式、个性等心理变量来细分消费者市场。消费者的欲望和需要不仅受人口变量影响，而且受其他变量特别是心理变量的影响。

行为细分是企业按照消费者购买或使用某种产品的时机、所追求的利益、产品的使用率、品牌的忠诚度等变量来细分消费者市场。

第二，目标市场选择。企业在决定为多少个市场服务即确定其目标市场涵盖战略时有三种选择：无差异市场营销、差异市场营销、集中市场营销。

无差异市场营销是企业在市场细分之后，不考虑各市场的特性，而注重市场的共性，只推出单一产品，运用单一的市场营销组合，力求在一定程度上满足大多数顾客的需求。这种战略的优点是有利于标准化与大规模生产，可以降低成本。

差异市场营销是指企业决定同时为几个市场服务，设计不同的产品，并在渠道、促销和定价方面都有所侧重，以适应不同市场的需要。

集中市场营销是企业集中所有力量，将一个或少数几个性质相似的市场作为目标市场，试图在较少的市场上取得较大的市场份额。

上述三种目标市场涵盖战略各有利弊，企业在选择时需要考虑以下五个方面的因素，即企业资源、产品同质性、市场同质性、产品所处的生命周期阶段、竞争对手的目标市场涵盖战略。

选定目标市场之后，就要找出客户的需要，也就是如何定位企业产品。市场定位的主要方法有：根据属性和利益定位；根据价格和质量定位；根据用途定位；根据使用者定位；根据产品档次定位；根据竞争形势定位等。

②设计市场营销组合。市场营销组合中所包含的可控制的变量很多，可以简要概括为四个，分别是产品、促销、分销、价格，简称为4Ps组合策略。

第一，产品策略。产品策略包括产品组合策略、品牌与商标策略和产品开发策略。

产品组合策略是企业所生产或销售的全部产品大类、产品项目的组合。企业在调整和优化产品组合时，依据情况的不同，可选择的策略有：扩大产品组合、缩减产品组合、产品延伸。

品牌和商标策略。品牌和商标具有三个基本特点：名称、标记、关联性和个性。名称是指品牌和商标名称应受法律保护、便于记忆并与产品自身相一致；标记是使品牌和商标具有可辨认性的设计，商标、符号和一系列视觉特征。关联性和个性有助于使用者通过品牌和商标将企业的产品与竞争者产品区分开。企业可采用的品牌和商标策略如下：单一的企业名称、每个产品都有不同的品牌名称、自有品牌。

产品开发策略。在产品开发的过程中，最重要的任务是满足客户需求和实现产品差异化。新产品的定义较为广泛，主要是指打开了新市场的产品，取代了现有产品的产品以及现有产品的替代品。

第二，促销策略。促销是营销组合中营销部门最具控制权的一个环节。促销的目的：引起潜在客户的注意；产生利益；激发客户的购买欲望；刺激客户的购买行为。促销组合由四个要素构成：广告促销、营业推广、公关宣传、人员推销。

第三，分销策略。分销策略是确定产品到达客户手上的最佳方式。分销策略要克服地点、时间、数量和所有权上的差异，分销策略要解决如何分销产品以及如何确定实体店的位置等问题。

第四，价格策略。价格是销售中较为重要的要素。定价方式可分为产品差别定价法和产品上市定价法。

产品差别定价法是对市场上类似产品制定不同的价格。其原理是，如果所有产品的价格都相同，那么对于购买力较强而无价格弹性需求的客户，会损失收益；对于购买能力相对较弱，价格弹性较大的客户会损失销量。因此，对于前者应定高价，对于后者应定低价。例如，乘坐公交车时，老人与学生可享受打折优惠；在剧院观看演出时，不同位置的座位价格不相同。

产品上市定价法有两个常见的价格策略：一是渗透定价法；二是撇脂定价法。渗透定价法是在新产品上市之初，定一个较低的价格，以达到迅速抢占市场的目的，使竞争对手较难进入。撇脂定价法则正好相反，在新产品上市之初就定较高的价格，再随着产能的提高逐渐降低价格，来扩大销量。

（2）研究与开发战略。研究可以是基础研究、应用型研究和开发型研究。基础研究没有明显的商业用途或实际目的。应用型研究是指具有明显的商业用途或实际目的的研究。开发型研究是指在开始商业生产运作之前利用现有的科学技术知识来生产新产品。研发战略不能独立于企业的其他部分单独进行。业务单位战略会关注企业想要拥有的产品与企业想要参与竞争的领域。

（3）生产运营战略。生产运营战略是企业根据目标产品特点构造其生产运营系统时所遵循的指导思想，以及在这种指导思想下的一系列决策规划、内容和程序。

①生产运营战略所涉及的主要因素和阶段。生产运营流程涉及转化过程，但转化过程在四个方面有所不同，分别是批量、种类、需求变动以及可见性。

②生产流程计划。战略实施流程中的大部分都发生在生产现场，工厂规模、厂地、产品设计、设备、工具、库存规模、质量控制、成本控制等生产流程决策对战略实施的成败具有重大影响。在研究工厂地点和生产设备之前必须考虑的因素包括：主要资源的可利用性、该地区当前的平均工资水平、与收发货物相关的交通费用、主要市场的地点、该地区所在国家的政治风险以及可用的培训过的员工。对于高新技术企业而言，由于经常需要改变主要产品，因此生产成本与生产灵活性同等重要。

③产能计划。产能是指企业在指定时间内能够完成的最大工作量。产能计划是指确定企业所需的生产能力以满足其产品不断变化的需求的过程。

（4）采购战略。采购是指企业取得所用的原材料和业务服务的过程。采购对企业产品或服务的成本和质量具有重大影响，所有企业都设有采购部门。

①货源策略。货源策略包括单一货源策略、多货源策略、由供应商负责交付一个完整的子部件。

②采购组合。企业的采购策略会因其采用的基本战略而异。企业可以参照质量、数量、价格、交货四个要素来制定最佳的采购组合。

③采购经理的职责。采购经理的职责：成本控制、管理投入、生产投入、供应商管理、维持库存水平等。

（5）人力资源战略。企业经营能否成功，很大程度上取决于其所雇佣的员工。所有管理者都希望自己部门的员工是最优秀的。要实现这一点，管理者要了解招聘和选择员工的重要性。

（6）财务战略。财务战略是涉及财务性质的战略，属于财务管理的范畴。财务战略主要考虑资金的使用和管理的战略问题，并以此与其他战略相区别。

①确定财务战略的阻力。企业追求的财务战略应考虑所有相关的环境因素、利益相关者的观点以及对账户和现金流的影响。选择的财务战略应该是可接受的。具体的影响因素有：企业的内部约束；政府的影响；法律法规的约束；经济约束。

②财务战略的确立。财务经理必须做出以下方面的决策：筹资来源、资本结构和股利分配政策等。

③财务战略的选择。

第一，财务风险与经营风险的搭配。经营战略决定了经营风险的大小，资本结构决定了财务风险的大小，它们共同组成了企业的总风险。经营风险和财务风险的结合方式包括：高经营风险与高财务风险搭配；高经营风险与低财务风险搭配；低经营风险与高财务风险搭配；低经营风险与低财务风险搭配。产品或企业的不同发展阶段有不同的经营风险，企业应采用不同的财务战略。

第二，基于产品生命周期的财务战略选择（见表7-1）。

表7-1　　　　　　　　　　　　基于产品生命周期的财务战略选择

	企业的发展阶段			
	导入期	成长期	成熟期	衰退期
经营风险	非常高	高	中等	低
财务风险	非常低	低	中等	高
资本结构	权益融资	主要是权益融资	权益+债务融资	权益+债务融资
资金来源	风险资本	权益投资增加	保留盈余+债务	债务
股利	不分配	分配率很低	分配率高	全部分配
价格/盈余倍数	非常高	高	中	低
股价	迅速增长	增长并波动	稳定	下降并波动

第三节　模拟企业决策管理简介

决策是决定采取某种行动，使受益人所面临的事件呈现令人满意的状态。正确的决策是一个紧张而漫长的过程，紧张是神经之紧张，漫长是心理时间的漫长；决策又是一个短暂而艰难的过程，短暂是公布时间的短暂，艰难是执行之路的艰难。

一、企业决策管理

企业领导者几乎每天都要处理大量的问题，其中有许多重大问题需要从几种方案中选择一个最佳方案，这就是企业管理决策。可见，决策是贯穿于企业经营和企业管理的全过程。

企业管理决策是企业的核心工作，决定企业发展的兴衰和存亡。美国兰德公司的一项研究表明，在全世界破产倒闭的企业中，有85%是由于企业家的决策失误造成的，这一现象在我国也同样存在。科学的管理决策是企业成功的基石，决策正确，会带来比较好的经济效益；决策错误，往往会给企业造成难以估量的损失。

二、企业决策管理的种类

1.定性决策

定性决策又称主观决策，是指在决策中主要依靠决策者或有关专家的智慧来进行决策的方法。定性决策是一种"软技术"，完全靠决策者丰富的经验、知识和能力，对企业的经营管理决策目标、决策方案的拟订以及方案的选择和实施做出判断。

在企业决策活动中，经常会遇到大量的、日常的管理问题和业务问题，其随意性较大，而且有许多具体业务、具体事务性问题无量可定，因此会根据企业领导人的经验、感觉和主观判断进行决策。

但是，对于许多重大的管理问题、经营问题等，也是极少实行定量决策的。新希望集团董事长刘永好在接受记者采访时，谈及中国企业家失败的原因时坦言："70%~80%在于投资失败，而投资失败源于决策失败。"

2.定量决策

定量决策也称科学决策，在企业决策活动中，从多种（两种以上）定量方案中择其优者而进行的决策。

目前，企业科学决策的地位和作用越来越突出，能否应用科学决策已经成为企业成功与否的关键。

3.决策者应该具有的品质

作为企业的决策者，其主要职责就是决策，要想成为一名优秀的决策者，就应该具备卓越的品质。古语云：用兵之道，以计为首。这句话的意思是说，将军的首要任务在于谋略，用今天的话来说，就是领导者的主要职责在于决策。

企业领导人能否有效地决策，并不只是涉及方法，关键还取决于决策者的才能和智慧。我们常常看到，面对同样的逆境和波折，同等的机遇和挑战，有的人决策英明，有的却愚蠢至极，原因即在于此。

有效的决策实际上就是自我智慧的不断博弈，是信息流、价值观、思维方式、方法和心态等各方面综合作用的结果。决策者是否具备卓越的品质，是决定其决策水平的主要因素。

那么，决策者应该具有哪些品质呢？管理学家认为，企业决策者应该具有以下几种品质：

（1）预见性。作为企业决策者，必须要具备的素质就是预见性。所谓预见性，就是在事情可能发生但还没有发生前，机遇可能会出现但还没有出现前，迅速调整战略以适应事物的发展态势，在合适的时候推出适合环境变化的战略。

（2）创新精神。决策是创造性活动，它总是以变革现状为出发点和归宿。因此，决策者要目光敏锐，要有辨别分析的能力，能一针见血地看出问题的症结和本质；同时思路要开阔。如果决策者不善于发现问题或者安于现状，企业就不能前进。可以说，没有创新就没有决策。决策者有创新精神，才能着眼企业的未来，才能冒一定的风险去实现较为先进的决策方案。决策者如果思想保守，不敢承担责任，不敢冒风险，他所做出的决策也只能是因循守旧、无所作为的决策，不可能促进企业的发展。

（3）决策能力。作为企业的决策者，应该拥有果断的决策能力。这种能力是指决策者能发现其他实际或潜在竞争者不能发现的各种可能性，并通过自己的决策把这种可能性转化为现实性。换句话讲，能否通过自身的决策使企业连续盈利，是经营者能否成为一名优秀决策者的关键所在。

（4）决策基因。决策基因是由经验、知识、信息和思维方法整合出的逻辑整体。经验是决策者长期实践得来的决策逻辑，知识是决策者理论学习得出来的决策逻辑，信息是决策者通过观察、沟通得到的信号，思维方法是决策者认识问题、分析问题的角度与线路。

决策基因是决策者"经营"决策的全部资产，其中经验犹如固定资产，可长期发挥作用；知识犹如递延资产，需要不断更新，它不像经验那样容易保值；信息则是流动资金，流动性越好、信息流越大，决策就越有质量；思维方法是无形资产，它是前三种资产组合的黏合剂。

（5）性格特点。决策者的性格特点也相当重要。作为一个管理者，必须善于同形形色色的人打交道，既能够获得上级青睐，还得与下属打成一片，同时不忘与客户、供应商等建立良好的私人关系。

4.决策的前提

信息是产生决策意识的萌芽阶段，是决策的前提。任何决策目标的确立和决策备选方案的提出都是对信息进行总结、归纳的结果。

我国古代的《孙子兵法·谋攻篇》中指出："知彼知己，百战不殆。"其中，"知"就是搜集信息的意思。

决策者应该掌握两个方面的信息：任务信息和背景信息。

（1）任务信息。任务信息是指管理者为完成工作需要掌握的信息。任务信息一般有三种形式：第一种是有关工作职务的基本信息；第二种是反馈信息，这类信息必须通过便于利用的方式，及时、准确地传递给使用者；第三种是与提高工作中所运用的技能和知识有关的信息，包括培训资料在内。

（2）背景信息。背景信息是为了判断自己的任务和决策与外部大环境是否相符。背景信息主要包括企业宗旨、相关产业信息、企业领导层之间讨论公司战略的会议内容等。背景信息对于确保管理者从全局角度看待自己的工作具有极其重要的作用。离开了背景信息，领导者制定的决策就会脱离实际，成为空中楼阁。

作为企业的决策者，如何才能掌握自己需要的信息呢？首先，要对信息具有高度敏感性，这样才能获得自己所需要的信息。其次，信息时时刻刻都在不断地更新，新的信息产生、旧的信息淘汰，决策者应紧跟信息更新步伐，及时掌握信息，提高决策工作效率。

综上所述，决策是一项背靠历史、立足现实、面向未来的主题活动。因此，管理者在进行一项决策前，必须全面掌握对决策有利的信息作为决策依据，这样才能使决策更加理性、更加科学。

5.决策的原则

（1）选准目标原则。决策目标是指要达到的目的，决策目的明确与否，直接关系到决策效果的好坏。决策目标明确，选择就会有依据，行动就会有针对性；决策目标不明确，选择就会发生偏移，甚至还会造成南辕北辙的惨痛后果。在进行决策前，领导者要善于发现问题、分析问题，找出问题的症结所在，做出准确的决策。

（2）信息准确原则。现代决策涉及各方面的因素，领导者需要取得全面准确的信息。如果信息是"一鳞半爪"或"道听途说"，决策的依据就不可靠。领导者必须深入调查，获取全面的、准确的信息，才能做出符合客观规律的决策。

（3）可行性原则。决策方案必须切实可行，否则即使是完美的方案，也只能是纸上谈兵。对已形成的多种方案必须做定量和定性分析，做出评估。只有经过审定、评价、可行性分析后的决策，才能有较大的把握和可实现性。

（4）系统的原则。这是决策的灵魂。任何决策都应从整体出发，以整体利益为重。一切局部的、暂时的利益都要服从全局的、长远的利益。只有坚持这个原则，才能使决策促进全局和局部的协调发展。

（5）集体决策的原则。在企业的起步阶段，主要靠个人的经验决策。决策的正确与否，主要取决于决策者的个人学识、经验和胆略等。但在企业的壮大阶段，决策的内容是很复杂的，个人的经验决策已经行不通了，要吸收多方面的意见。特别要听取专家的意见，进行充分的分析，才能做出科学的决策。

（6）分层次、多系统决策的原则。根据总的决策目标，由各个层次、各个系统进行具体目标的决策，也就是把总的目标变成各个层次、各个系统的具体责任。只有这样，才能最终实现决策目标。一般情况下，上级领导不应过多地干涉下级决策，更不能代替下级决策，而应让他们根据实际情况自主决策，这样可以增强各级组织的责任感，调动他们的积极性，从而实现总目标。

6. 决策的程序

科学决策是一个过程，由一整套决策程序（即若干决策步骤）构成。领导者在决策中的作用不仅仅是"拍板"决断，在"拍板"的前后都有大量工作要做。一个完整的决策过程，还需要经过如下几个步骤：

（1）发现问题，确定目标。一般包括三个环节，即发现问题、分析问题和解决问题。其中，发现问题是解决问题的起点。由于客观事物是复杂多变的，因而发现问题不是一件很容易的事，必须要经过调查研究。没有调查，就没有发言权，领导者只有深入到实际中去调查，才能发现问题。发现问题以后，就要分析问题，找出问题的根源，然后提出解决问题的总体设想，即目标。

（2）分析价值，拟订方案。目标确定后，要分析目标价值，确认了目标价值，就要寻求实现和达到目标的有效途径和办法，即拟订方案。在拟订方案时要准备多种备选方案，只有一种方案是很难实现科学决策的。

（3）专家评估，选定方案。对于拟订的若干方案，要进行充分的评估。而正确的评估，只能由各方面的专家来实现。所谓评估，就是对方案进行定量和定性的分析，预测方案近期和远期、局部和整体、经济和社会的效益，如果同时具备这些效益则是最佳方案。但在现实中，同时具备多种效益的方案是极少的，那么就要在各种方案中进行比较，选出那种正效益较高、负效益较低，即比较满意的方案。

（4）实验试行，检验效果。方案选定后就要实施，为了减少失误，在方案全面实施前，一般都要进行实验或试点，以验证方案的可行性和实效性。在实验试点过程中，领导者要认真分析、总结经验和教训，找出带有普遍性的规律来。如果试点成功，就可进入全面实施阶段。如果失败，则迅速反馈回去，改变决策。

（5）修改方案，普遍实施。这是决策程序的最后一环。如果在实验试点后证明这个方案在总体上是可行的，那么在修正弊端的基础上，就要全面推广实施。由于实施方案是一个动态过程，主观和客观条件都在不断地发生变化，因此，领导者要加强方案实施过程中的监督和控制，如果出现小的偏差，那么只做微调；如果主客观条件发生了大的变化，影响了决策目标的实现，那么就必须对原定目标做根本性的修改。

以上决策程序，只是一般规律，在不同的决策中，各个步骤可以互相交叉进行，有时也可以合并或省略。

7. 决策的时机

决策不是一种静态的智力游戏，而是一种动态的追求最大效益目标的抉择过程，具有极强的时效性。因此，对于企业决策者来说，如何把握决策的时机就显得尤为重要。

几乎所有的决策者都明白决策的重要性，但是，很多决策者仍然会出现决策失误。有人认为，决策者之所以出现这些问题是因为不会决策或者决策内容不当，但实际上，导致决策失败的另外一个原因往往起了更大作用，那就是决策时机把握不当。

有些决策者处处谨小慎微，害怕风险，即使事情迫在眉睫也不大敢拿主意，企图得到有关决策对象的全部详细的信息资料；寻找到所有的决策方案；希望能够准确地预测各种备选方案可能产生的后果，从而选择出最优的决策方案。但殊不知等到做出了一个看似"正确的决策"时，却时过境迁，落后于客观事物的发展，变成了"马后炮"决策。

决策时机并不等于决策速度，把握好决策时机的决策应该是张弛有度的。有些决策基于稍纵即逝的机遇和刻不容缓的威胁，决策者必须利用手中的信息尽快做出决策。但有些情况下，决策者并不需要马上做出决策，广泛收集信息，静观事态发展才是明智之举。

根据时间的轻重缓急，我们可以把决策分成如下几种：

（1）紧急事件的决策。这类决策要求管理者必须马上做出反应，立刻采取措施应付危机。例如，有消费者向媒体举报企业产品有质量问题。这类决策等不得，通常是越快越好，否则会给企业带来更大危机。这类决策通常来不及仔细分析选取最优方案，也不能强调决策范围。这就要求领导者根据自己的管理经验，立即做出决策。

（2）最优决策。在这类决策中，有多种方案可供决策者选择。尽管快速做出决定也重要，但有效的决策取决于对各种方案的分析和评价，取决于决策方案选择得是否合理。对这种决策，找到最佳方案相比决策速度更重要。

（3）无关紧要的决策。这类问题的决策既无时间的要求，也无须追求最佳方案，随便什么时间、采取什么方案都可以。对这类决策，有时间及早决策，没时间可以放在一边等有时间再做。

（4）等待时机的决策。问题已经出现，但还不明朗，决策的时机尚未到来，可以等待时机成熟或到了问题逐渐明朗时再做决定。

第四节　模拟企业的战略决策

当今世界，高新技术迅猛发展、经济全球化步伐加快、国内外政治经济呈现出新的发展态势。面临当前金融危机、股市楼市变局，企业该如何应对？管理者的成长必须超前于社会的发展；管理者的思考必须超前于社会的认知。

战略决策是战略管理中极为重要的环节，起着承前启后的枢纽作用。战略决策依据战略分析阶段所提供的决策信息，包括行业机会、竞争格局、企业能力等方面。战略决策要综合各项信息确定企业战略及相关方案。战略实施则是更详细地分解展开各项战略部署，实现战略决策意图和目标。

战略决策是企业经营成败的关键，它关系到企业生存和发展。决策正确可以使企业沿着正确的方向前进，提高竞争力和适应环境的能力，取得良好的经济效益。反之，决策失误，就会给企业带来巨大损失，甚至导致企业破产。

1.战略决策的三个阶段

战略决策可分为战略定位决策、战略指标决策、业务战略决策三个阶段。

（1）战略定位决策。战略定位，相当于制定"做什么"，重点包括市场范围 S 定位和产品门类 P 定位，二者密切联系，组合形成一定的 SP 战略单元。战略定位的依据是分析阶段确定的不同 SP 战略单元的行业营利性变化规律、竞争格局和企业自身能力。

（2）战略指标决策。在企业战略定位决策之后，企业需要确定各 SP 战略单元的战略指标目标值，重点包括净利润指标、企业资本收益率目标、资本投入目标、市场份额目标、资本产出目标等。

企业要对不同 SP 战略单元相关指标值进行综合分析，包括不同战略单元净利润的构成比重、资本量的比重、相对竞争力比较等，以优化调整各战略单元的战略目标，促进整体经营最优化。

企业在进行战略指标决策时往往要受企业自身资源状况的约束，要综合权衡不同战略单元的机会和资源投入，要考虑资源获得的渠道以及投入的策略，要结合市场类型分析，如对大笔投资而言还要考虑自身决策对行业整体的影响。

（3）业务战略决策。在战略定位决策和战略指标决策基础上，企业需要制定保障指标实现的相关业务战略。重点包括：提高企业资本收益率的业务战略，如成本领先战略、质量领先战略；提高可投入资本量的业务战略，如融资战略、并购战略等；提高市场份额的业务战略，如低价战略、渠道战略等；提高资本产出的业务战略，如精益生产战略、流程再造战略、信息化战略等。提高净利润的目标依赖于以上各项业务战略的制定和实施。

业务战略决策需要业务职能领域的专业分析，此处的分析不同于战略管理循环中的战略分析，其分析内容更为广泛和灵活。

2.战略决策的三要素

战略决策三要素是指在战略制定过程中所涉及的三个影响战略决策的因素，即战略背景、战略内容和战略过程。

（1）战略背景是指战略执行和发展的环境。

（2）战略内容是指战略决策包括的主要活动。

（3）战略过程是指当战略面对富于变化的环境时，各项活动之间是如何联系的。

战略背景、战略内容和战略过程三个要素共同决定了一个战略决策。

3.战略决策思路

战略决策思路是指企业在战略决策时的出发点，其与战略分析十分密切，战略决策思路类型很多。典型思路包括：

（1）资源导向型。企业资源类型多种多样，资源导向型决策思路即先看企业拥有什么资源，再分析资源可投入行业的机会，由此进行决策。如企业拥有大量闲置土地，其往往会寻求土地资源的开发利用，如果房地产机会好，会选择进入房地产行业。企业拥有客户资源，往往会为客户提供其他类型产品或服务，以获得更多赚钱机会。

资源导向型决策思路，优点是善于利用企业资源，缺点是企业机构臃肿，会因资源过于分散而使主业不清晰、不强大，使企业在各个战线上竞争不利，甚至导致企业过早死亡。资源导向型决策需要真正认清企业的资源，否则过高估计自己的资源和能力，则所做出决策往往出现自己难以控制的局面。

（2）机会导向型。机会导向型决策思路即先看外部机会，再组织资源抓住机会，其成功的基础依赖于对机会的准确判断。网络经济开始之初，网络风险投资十分火热，成为机会导向型决策最突出的行业，在众多失败者中诞生了少数成功精英，机会导向型思路让一批平凡人变得不平凡。

机会导向型决策是什么机会都想抓，结果往往是什么都抓得不牢或甚至没抓住。有时对机会看不准又怕错失，结果企业资源过于分散，难以形成强势主业，各竞争领域均为配角。因此，机会导向型决策要把握好度，不能无视机会，也不能什么行业都浅尝辄止。

（3）攀比跟风型。攀比跟风型决策思路在中国企业中大量存在。其他企业搞起多元化上了什么产品赚了钱，自己不根据新时期情况做认真分析，就投机式跟风进入，结果往往事与愿违。

攀比跟风型决策失败的关键在于自己不善于分析把握机会。如果能真正洞察到机会，比别人慢半拍也是一种大智慧，别的企业可能是烈士，自己企业成为英雄。

（4）被逼无奈型。被逼无奈型决策往往由多种原因造成。有些企业不关心外部变化，"只知低头拉车不知抬头看路"，结果当行业衰败时企业才被逼想出路。有时，被逼无奈是企业受种种情况限制难以做出壮士断腕的决策，比如退出成本过高等，企业只好选择熬下去等转机。

战略决策四种典型思路中，资源导向型和机会导向型决策均各有利弊，企业要结合自身情况灵活应用。攀比跟风型与被逼无奈型决策均是企业应予以反思改进的。

第四篇

ERP 电子沙盘操作手册

{第八章}

电子沙盘操作手册

第八章

电子沙盘操作手册

操作流程表（起始年）

年初业务	支付应付税（根据上年度结果）		
	市场投入		
	挑选订单		
	加急交货		
期间业务（重复三次）	更新短期贷款		
	获得新短期贷款		
	更新其他应付款		
	更新应付款		
	更新原材料订单		
	下原料订单		
	更新生产		
	处置生产线		
	新建生产线		
	生产线调整		
	产品上线生产		
	投资产品研发		
	更新应收款		
	交货给客户		
	支付管理费用		
年末业务	支付厂房租金/出售厂房/租赁厂房/购买厂房		
	支付长期贷款/应付债券利息		
	更新长期贷款/应付债券		
	获得新长期贷款		
	支付设备维修费		
	机器设备折旧		
	营销网络建设		
	ISO认证投资		
	结账		

会计报表（起始年）

利润表

项目	金额	
	上年	起始年
销售收入	36	
减：直接成本	14	
毛利	22	
减：期间费用	9	
折旧前利润	13	
减：折旧与摊销	5	
支付利息前利润	8	
加：财务收入　减：支出	2	
加：额外收入　减：支出	0	
税前利润	6	
减：税金	2	
净利润	4	

资产负债表

资产	金额		负债和所有者权益（或股东权益）	金额	
	上年	起始年		上年	起始年
流动资产：			**流动负债：**		
库存现金	20		短期借款	0	
应收账款	14		应付账款	0	
其他应收款	0		其他应付款	0	
原材料	2		应交税费	2	
在产品	12		流动负债合计	2	
产成品	12		**长期负债：**		
流动资产合计	60		长期借款	40	
非流动资产：			企业无抵押债券	0	
			长期负债合计	40	
土地和厂房	30		**负债合计**	42	
在建工程	0		**所有者权益：**		
机器设备	10		实收资本	45	
固定资产合计	40		留存收益	9	
无形资产及其他资产：			本年净利	4	
无形资产	0		**所有者权益合计**	58	
资产总计	100		**负债和所有者权益总计**	100	

公司名称：　　　　　　　　　　　总经理签名：

产能分析（根据预测）

（第1年）

产品	期初库存	产能															在单量	可用量
		生产线1			生产线2			生产线3			生产线4			生产线5			合计		
		1期	2期	3期	1期	2期	3期	1期	2期	3期	1期	2期	3期	1期	2期	3期			
P1																			
P2																			
P3																			
P4																			

市场接单记录表

产品	可用量	本地市场	国内市场	亚洲市场	欧美市场	国际市场	合计
P1							
P2							
P3							
P4							

现金预算表（第 1 年）

第　　年	第 1 期	第 2 期	第 3 期
1.期初现金			
2.税金			
3.市场投入			
4.加急订单			
5.利息（短期贷款）			
6.短期贷款			
7.其他应付款			
8.应付款			
9.原材料采购			
10.处置生产线			
11.新建生产线			
12.生产线调整			
13.加工费用			
14.产品研发			
15.应收款			
16.管理费用			
17.厂房租金			
18.购买厂房			
19.利息（长期贷款&应付债券）			
20.长期贷款&企业债券			
21.设备维护费用			
22.折旧			
23.营销网络建设			
24.ISO 认证			

备注

订单记录表（第 1 年）

市场								
产品								
数量								
付款期								
金额								
直接成本								
毛利								

市场								
产品								
数量								
付款期								
金额								
直接成本								
毛利								

备注：_____

_____

_____

操作流程表（第 1 年）

年初业务	支付应付税（根据上年度结果）		
	市场投入		
	挑选订单		
	加急交货		
期间业务（重复三次）	更新短期贷款		
	获得新短期贷款		
	更新其他应付款		
	更新应付款		
	更新原材料订单		
	下原料订单		
	更新生产		
	处置生产线		
	新建生产线		
	生产线调整		
	产品上线生产		
	投资产品研发		
	更新应收款		
	交货给客户		
	支付管理费用		
年末业务	支付厂房租金/出售厂房/租赁厂房/购买厂房		
	支付长期贷款/应付债券利息		
	更新长期贷款/应付债券		
	获得新长期贷款		
	支付设备维修费		
	机器设备折旧		
	营销网络建设		
	ISO 认证投资		
	结账		

会计报表（第 1 年）

利润表

项目	金额	
	上年	本年
销售收入		
减：直接成本		
毛利		
减：期间费用		
折旧前利润		
减：折旧与摊销		
支付利息前利润		
加：财务收入　减：支出		
加：额外收入　减：支出		
税前利润		
减：税金		
净利润		

资产负债表

资产	金额		负债和所有者权益（或股东权益）	金额	
	上年	本年		上年	本年
流动资产：			**流动负债：**		
库存现金			短期借款		
应收账款			应付账款		
其他应收款			其他应付款		
原材料			应交税费		
在产品			流动负债合计		
产成品			**长期负债：**		
流动资产合计			长期借款		
非流动资产：			企业无抵押债券		
			长期负债合计		
土地和厂房			**负债合计**		
在建工程			**所有者权益：**		
机器设备			实收资本		
固定资产合计			留存收益		
无形资产及其他资产：			本年净利		
无形资产			**所有者权益合计**		
资产总计			**负债和所有者权益总计**		

公司名称：　　　　　　　　　　　　　　　　总经理签名：

产能分析（根据预测）

（第 2 年）

产品	期初库存	产能															在单量	可用量
		生产线 1			生产线 2			生产线 3			生产线 4			生产线 5			合计		
		1期	2期	3期	1期	2期	3期	1期	2期	3期	1期	2期	3期	1期	2期	3期			
P1																			
P2																			
P3																			
P4																			

市场接单记录表

产品	可用量	本地市场	国内市场	亚洲市场	欧美市场	国际市场	合计
P1							
P2							
P3							
P4							

现金预算表（第 2 年）

第　年	第1期	第2期	第3期
1.期初现金			
2.税金			
3.市场投入			
4.加急订单			
5.利息（短期贷款）			
6.短期贷款			
7.其他应付款			
8.应付款			
9.原材料采购			
10.处置生产线			
11.新建生产线			
12.生产线调整			
13.加工费用			
14.产品研发			
15.应收款			
16.管理费用			
17.厂房租金			
18.购买厂房			
19.利息（长期贷款&应付债券）			
20.长期贷款&企业债券			
21.设备维护费用			
22.折旧			
23.营销网络建设			
24.ISO认证			

备注

订单记录表（第 2 年）

市场								
产品								
数量								
付款期								
金额								
直接成本								
毛利								

市场								
产品								
数量								
付款期								
金额								
直接成本								
毛利								

备 注：_____

_____

_____

操作流程表（第2年）

年初业务	支付应付税（根据上年度结果）		
	市场投入		
	挑选订单		
	加急交货		
期间业务（重复三次）	更新短期贷款		
	获得新短期贷款		
	更新其他应付款		
	更新应付款		
	更新原材料订单		
	下原料订单		
	更新生产		
	处置生产线		
	新建生产线		
	生产线调整		
	产品上线生产		
	投资产品研发		
	更新应收款		
	交货给客户		
	支付管理费用		
年末业务	支付厂房租金/出售厂房/租赁厂房/购买厂房		
	支付长期贷款/应付债券利息		
	更新长期贷款/应付债券		
	获得新长期贷款		
	支付设备维修费		
	机器设备折旧		
	营销网络建设		
	ISO认证投资		
	结账		

会计报表（第 2 年）

利润表

项目	金额	
	上年	本年
销售收入		
减：直接成本		
毛利		
减：期间费用		
折旧前利润		
减：折旧与摊销		
支付利息前利润		
加：财务收入　减：支出		
加：额外收入　减：支出		
税前利润		
减：税金		
净利润		

资产负债表

资产	金额		负债和所有者权益（或股东权益）	金额	
	上年	本年		上年	本年
流动资产：			**流动负债：**		
库存现金			短期借款		
应收账款			应付账款		
其他应收款			其他应付款		
原材料			应交税费		
在产品			流动负债合计		
产成品			**长期负债：**		
流动资产合计			长期借款		
非流动资产：			企业无抵押债券		
			长期负债合计		
土地和厂房			**负债合计**		
在建工程			**所有者权益：**		
机器设备			实收资本		
固定资产合计			留存收益		
无形资产及其他资产：			本年净利		
无形资产			**所有者权益合计**		
资产总计			**负债和所有者权益总计**		

公司名称：　　　　　　　　　　　　　　　　总经理签名：

产能分析（根据预测）
（第 3 年）

产品	期初库存	产能																合计	在单量	可用量
		生产线 1			生产线 2			生产线 3			生产线 4			生产线 5					
		1期	2期	3期	1期	2期	3期	1期	2期	3期	1期	2期	3期	1期	2期	3期			
P1																			
P2																			
P3																			
P4																			

市场接单记录表

产品	可用量	本地市场	国内市场	亚洲市场	欧美市场	国际市场	合计
P1							
P2							
P3							
P4							

现金预算表（第 3 年）

第　年	第1期	第2期	第3期
1.期初现金			
2.税金			
3.市场投入			
4.加急订单			
5.利息（短期贷款）			
6.短期贷款			
7.其他应付款			
8.应付款			
9.原材料采购			
10.处置生产线			
11.新建生产线			
12.生产线调整			
13.加工费用			
14.产品研发			
15.应收款			
16.管理费用			
17.厂房租金			
18.购买厂房			
19.利息（长期贷款&应付债券）			
20.长期贷款&企业债券			
21.设备维护费用			
22.折旧			
23.营销网络建设			
24.ISO认证			

备注

订单记录表（第 3 年）

市场								
产品								
数量								
付款期								
金额								
直接成本								
毛利								

市场								
产品								
数量								
付款期								
金额								
直接成本								
毛利								

备 注：＿＿＿＿＿＿＿＿＿＿＿＿＿＿＿＿＿＿＿＿＿＿＿＿＿＿＿＿＿＿＿＿＿＿＿＿

＿＿

＿＿

操作流程表（第 3 年）

年初业务	支付应付税（根据上年度结果）		
	市场投入		
	挑选订单		
	加急交货		
期间业务（重复三次）	更新短期贷款		
	获得新短期贷款		
	更新其他应付款		
	更新应付款		
	更新原材料订单		
	下原料订单		
	更新生产		
	处置生产线		
	新建生产线		
	生产线调整		
	产品上线生产		
	投资产品研发		
	更新应收款		
	交货给客户		
	支付管理费用		
年末业务	支付厂房租金/出售厂房/租赁厂房/购买厂房		
	支付长期贷款/应付债券利息		
	更新长期贷款/应付债券		
	获得新长期贷款		
	支付设备维修费		
	机器设备折旧		
	营销网络建设		
	ISO认证投资		
	结账		

会计报表（第3年）

利润表

项目	金额	
	上年	本年
销售收入		
减：直接成本		
毛利		
减：期间费用		
折旧前利润		
减：折旧与摊销		
支付利息前利润		
加：财务收入　减：支出		
加：额外收入　减：支出		
税前利润		
减：税金		
净利润		

资产负债表

资产	金额		负债和所有者权益（或股东权益）	金额	
	上年	本年		上年	本年
流动资产：			**流动负债：**		
库存现金			短期借款		
应收账款			应付账款		
其他应收款			其他应付款		
原材料			应交税费		
在产品			流动负债合计		
产成品			**长期负债：**		
流动资产合计			长期借款		
非流动资产：			企业无抵押债券		
			长期负债合计		
土地和厂房			**负债合计**		
在建工程			**所有者权益：**		
机器设备			实收资本		
固定资产合计			留存收益		
无形资产及其他资产：			本年净利		
无形资产			**所有者权益合计**		
资产总计			**负债和所有者权益总计**		

公司名称：　　　　　　　　　　　　　　　　总经理签名：

产能分析（根据预测）

（第 4 年）

产品	期初库存	产能															在单量	可用量
		生产线 1			生产线 2			生产线 3			生产线 4			生产线 5			合计		
		1期	2期	3期	1期	2期	3期	1期	2期	3期	1期	2期	3期	1期	2期	3期			
P1																			
P2																			
P3																			
P4																			

市场接单记录表

产品	可用量	本地市场	国内市场	亚洲市场	欧美市场	国际市场	合计
P1							
P2							
P3							
P4							

现金预算表（第4年）

第　　年	第1期	第2期	第3期
1.期初现金			
2.税金			
3.市场投入			
4.加急订单			
5.利息（短期贷款）			
6.短期贷款			
7.其他应付款			
8.应付款			
9.原材料采购			
10.处置生产线			
11.新建生产线			
12.生产线调整			
13.加工费用			
14.产品研发			
15.应收款			
16.管理费用			
17.厂房租金			
18.购买厂房			
19.利息（长期贷款&应付债券）			
20.长期贷款&企业债券			
21.设备维护费用			
22.折旧			
23.营销网络建设			
24.ISO认证			

备注

订单记录表（第 4 年）

市 场								
产 品								
数 量								
付款期								
金 额								
直接成本								
毛 利								

市 场								
产 品								
数 量								
付款期								
金 额								
直接成本								
毛 利								

备注: _____

_____

_____

操作流程表（第 4 年）

年初业务	支付应付税（根据上年度结果）		
	市场投入		
	挑选订单		
	加急交货		
期间业务（重复三次）	更新短期贷款		
	获得新短期贷款		
	更新其他应付款		
	更新应付款		
	更新原材料订单		
	下原料订单		
	更新生产		
	处置生产线		
	新建生产线		
	生产线调整		
	产品上线生产		
	投资产品研发		
	更新应收款		
	交货给客户		
	支付管理费用		
年末业务	支付厂房租金/出售厂房/租赁厂房/购买厂房		
	支付长期贷款/应付债券利息		
	更新长期贷款/应付债券		
	获得新长期贷款		
	支付设备维修费		
	机器设备折旧		
	营销网络建设		
	ISO 认证投资		
	结账		

会计报表（第 4 年）

利润表

项目	金额	
	上年	本年
销售收入		
减：直接成本		
毛利		
减：期间费用		
折旧前利润		
减：折旧与摊销		
支付利息前利润		
加：财务收入　减：支出		
加：额外收入　减：支出		
税前利润		
减：税金		
净利润		

资产负债表

资产	金额		负债和所有者权益（或股东权益）	金额	
	上年	本年		上年	本年
流动资产：			**流动负债：**		
库存现金			短期借款		
应收账款			应付账款		
其他应收款			其他应付款		
原材料			应交税费		
在产品			流动负债合计		
产成品			**长期负债：**		
流动资产合计			长期借款		
非流动资产：			企业无抵押债券		
			长期负债合计		
土地和厂房			**负债合计**		
在建工程			**所有者权益：**		
机器设备			实收资本		
固定资产合计			留存收益		
无形资产及其他资产：			本年净利		
无形资产			**所有者权益合计**		
资产总计			**负债和所有者权益总计**		

公司名称：　　　　　　　　　　　　　总经理签名：

产能分析（根据预测）

（第 5 年）

产品	期初库存	产能																	在单量	可用量
		生产线 1			生产线 2			生产线 3			生产线 4			生产线 5			合计			
		1期	2期	3期	1期	2期	3期	1期	2期	3期	1期	2期	3期	1期	2期	3期				
P1																				
P2																				
P3																				
P4																				

市场接单记录表

产品	可用量	本地市场	国内市场	亚洲市场	欧美市场	国际市场	合计
P1							
P2							
P3							
P4							

现金预算表（第5年）

第 年	第1期	第2期	第3期
1.期初现金			
2.税金			
3.市场投入			
4.加急订单			
5.利息（短期贷款）			
6.短期贷款			
7.其他应付款			
8.应付款			
9.原材料采购			
10.处置生产线			
11.新建生产线			
12.生产线调整			
13.加工费用			
14.产品研发			
15.应收款			
16.管理费用			
17.厂房租金			
18.购买厂房			
19.利息（长期贷款&应付债券）			
20.长期贷款&企业债券			
21.设备维护费用			
22.折旧			
23.营销网络建设			
24.ISO认证			

备注

订单记录表（第 5 年）

市场								
产品								
数量								
付款期								
金额								
直接成本								
毛利								

市场								
产品								
数量								
付款期								
金额								
直接成本								
毛利								

备 注：_____

_____

_____

操作流程表（第 5 年）

年初业务	支付应付税（根据上年度结果）			
	市场投入			
	挑选订单			
	加急交货			
期间业务（重复三次）	更新短期贷款			
	获得新短期贷款			
	更新其他应付款			
	更新应付款			
	更新原材料订单			
	下原料订单			
	更新生产			
	处置生产线			
	新建生产线			
	生产线调整			
	产品上线生产			
	投资产品研发			
	更新应收款			
	交货给客户			
	支付管理费用			
年末业务	支付厂房租金/出售厂房/租赁厂房/购买厂房			
	支付长期贷款/应付债券利息			
	更新长期贷款/应付债券			
	获得新长期贷款			
	支付设备维修费			
	机器设备折旧			
	营销网络建设			
	ISO认证投资			
	结账			

会计报表（第5年）

利润表

项目	金额	
	上年	本年
销售收入		
减：直接成本		
毛利		
减：期间费用		
折旧前利润		
减：折旧与摊销		
支付利息前利润		
加：财务收入　减：支出		
加：额外收入　减：支出		
税前利润		
减：税金		
净利润		

资产负债表

资产	金额		负债和所有者权益（或股东权益）	金额	
	上年	本年		上年	本年
流动资产：			**流动负债：**		
库存现金			短期借款		
应收账款			应付账款		
其他应收款			其他应付款		
原材料			应交税费		
在产品			流动负债合计		
产成品			**长期负债：**		
流动资产合计			长期借款		
非流动资产：			企业无抵押债券		
			长期负债合计		
土地和厂房			**负债合计**		
在建工程			**所有者权益：**		
机器设备			实收资本		
固定资产合计			留存收益		
无形资产及其他资产：			本年净利		
无形资产			**所有者权益合计**		
资产总计			**负债和所有者权益总计**		

公司名称：　　　　　　　　　　　　　　　　　　　　总经理签名：

产能分析（根据预测）

（第 6 年）

产品	期初库存	产能															在单量	可用量
		生产线 1			生产线 2			生产线 3			生产线 4			生产线 5			合计		
		1期	2期	3期	1期	2期	3期	1期	2期	3期	1期	2期	3期	1期	2期	3期			
P1																			
P2																			
P3																			
P4																			

市场接单记录表

产品	可用量	本地市场	国内市场	亚洲市场	欧美市场	国际市场	合计
P1							
P2							
P3							
P4							

现金预算表（第6年）

第　　年	第1期	第2期	第3期
1.期初现金			
2.税金			
3.市场投入			
4.加急订单			
5.利息（短期贷款）			
6.短期贷款			
7.其他应付款			
8.应付款			
9.原材料采购			
10.处置生产线			
11.新建生产线			
12.生产线调整			
13.加工费用			
14.产品研发			
15.应收款			
16.管理费用			
17.厂房租金			
18.购买厂房			
19.利息（长期贷款&应付债券）			
20.长期贷款&企业债券			
21.设备维护费用			
22.折旧			
23.营销网络建设			
24.ISO认证			

备注

订单记录表（第 6 年）

市场								
产品								
数量								
付款期								
金额								
直接成本								
毛利								

市场								
产品								
数量								
付款期								
金额								
直接成本								
毛利								

备注：_____

_____

_____

操作流程表（第 6 年）

年初业务	支付应付税（根据上年度结果）		
	市场投入		
	挑选订单		
	加急交货		
期间业务（重复三次）	更新短期贷款		
	获得新短期贷款		
	更新其他应付款		
	更新应付款		
	更新原材料订单		
	下原料订单		
	更新生产		
	处置生产线		
	新建生产线		
	生产线调整		
	产品上线生产		
	投资产品研发		
	更新应收款		
	交货给客户		
	支付管理费用		
年末业务	支付厂房租金/出售厂房/租赁厂房/购买厂房		
	支付长期贷款/应付债券利息		
	更新长期贷款/应付债券		
	获得新长期贷款		
	支付设备维修费		
	机器设备折旧		
	营销网络建设		
	ISO 认证投资		
	结账		

会计报表（第 6 年）
利润表

项目	金额	
	上年	本年
销售收入		
减：直接成本		
毛利		
减：期间费用		
折旧前利润		
减：折旧与摊销		
支付利息前利润		
加：财务收入　减：支出		
加：额外收入　减：支出		
税前利润		
减：税金		
净利润		

资产负债表

资产	金额		负债和所有者权益（或股东权益）	金额	
	上年	本年		上年	本年
流动资产：			**流动负债：**		
库存现金			短期借款		
应收账款			应付账款		
其他应收款			其他应付款		
原材料			应交税费		
在产品			流动负债合计		
产成品			**长期负债：**		
流动资产合计			长期借款		
非流动资产：			企业无抵押债券		
			长期负债合计		
土地和厂房			**负债合计**		
在建工程			**所有者权益：**		
机器设备			实收资本		
固定资产合计			留存收益		
无形资产及其他资产：			本年净利		
无形资产			**所有者权益合计**		
资产总计			**负债和所有者权益总计**		

公司名称：　　　　　　　　　　总经理签名：

产能分析（根据预测）

（第 7 年）

产品	期初库存	产能																	合计	在单量	可用量
		生产线 1			生产线 2			生产线 3			生产线 4			生产线 5						
		1期	2期	3期	1期	2期	3期	1期	2期	3期	1期	2期	3期	1期	2期	3期			
P1																			
P2																			
P3																			
P4																			

市场接单记录表

产品	可用量	本地市场	国内市场	亚洲市场	欧美市场	国际市场	合计
P1							
P2							
P3							
P4							

现金预算表（第 7 年）

第　年	第1期	第2期	第3期
1.期初现金			
2.税金			
3.市场投入			
4.加急订单			
5.利息（短期贷款）			
6.短期贷款			
7.其他应付款			
8.应付款			
9.原材料采购			
10.处置生产线			
11.新建生产线			
12.生产线调整			
13.加工费用			
14.产品研发			
15.应收款			
16.管理费用			
17.厂房租金			
18.购买厂房			
19.利息（长期贷款&应付债券）			
20.长期贷款&企业债券			
21.设备维护费用			
22.折旧			
23.营销网络建设			
24.ISO认证			

备注

订单记录表（第 7 年）

市场								
产品								
数量								
付款期								
金额								
直接成本								
毛利								

市场								
产品								
数量								
付款期								
金额								
直接成本								
毛利								

备注：_____

_____

_____

操作流程表（第 7 年）

年初业务	支付应付税（根据上年度结果）		
	市场投入		
	挑选订单		
	加急交货		
期间业务（重复三次）	更新短期贷款		
	获得新短期贷款		
	更新其他应付款		
	更新应付款		
	更新原材料订单		
	下原料订单		
	更新生产		
	处置生产线		
	新建生产线		
	生产线调整		
	产品上线生产		
	投资产品研发		
	更新应收款		
	交货给客户		
	支付管理费用		
年末业务	支付厂房租金/出售厂房/租赁厂房/购买厂房		
	支付长期贷款/应付债券利息		
	更新长期贷款/应付债券		
	获得新长期贷款		
	支付设备维修费		
	机器设备折旧		
	营销网络建设		
	ISO 认证投资		
	结账		

会计报表（第 7 年）

利润表

项目	金额	
	上年	本年
销售收入		
减：直接成本		
毛利		
减：期间费用		
折旧前利润		
减：折旧与摊销		
支付利息前利润		
加：财务收入　减：支出		
加：额外收入　减：支出		
税前利润		
减：税金		
净利润		

资产负债表

资产	金额		负债和所有者权益（或股东权益）	金额	
	上年	本年		上年	本年
流动资产：			**流动负债：**		
库存现金			短期借款		
应收账款			应付账款		
其他应收款			其他应付款		
原材料			应交税费		
在产品			流动负债合计		
产成品			**长期负债：**		
流动资产合计			长期借款		
非流动资产：			企业无抵押债券		
			长期负债合计		
土地和厂房			**负债合计**		
在建工程			**所有者权益：**		
机器设备			实收资本		
固定资产合计			留存收益		
无形资产及其他资产：			本年净利		
无形资产			**所有者权益合计**		
资产总计			**负债和所有者权益总计**		

公司名称：　　　　　　　　　　　　　　　　　　　　总经理签名：

产能分析（根据预测）
（第 8 年）

产品	期初库存	产能															合计	在单量	可用量
		生产线 1			生产线 2			生产线 3			生产线 4			生产线 5					
		1期	2期	3期	1期	2期	3期	1期	2期	3期	1期	2期	3期	1期	2期	3期			
P1																			
P2																			
P3																			
P4																			

市场接单记录表

产品	可用量	本地市场	国内市场	亚洲市场	欧美市场	国际市场	合计
P1							
P2							
P3							
P4							

现金预算表（第 8 年）

第　　年	第 1 期	第 2 期	第 3 期
1.期初现金			
2.税金			
3.市场投入			
4.加急订单			
5.利息（短期贷款）			
6.短期贷款			
7.其他应付款			
8.应付款			
9.原材料采购			
10.处置生产线			
11.新建生产线			
12.生产线调整			
13.加工费用			
14.产品研发			
15.应收款			
16.管理费用			
17.厂房租金			
18.购买厂房			
19.利息（长期贷款&应付债券）			
20.长期贷款&企业债券			
21.设备维护费用			
22.折旧			
23.营销网络建设			
24.ISO 认证			

备注

订单记录表（第 8 年）

市场								
产品								
数量								
付款期								
金额								
直接成本								
毛利								

市场								
产品								
数量								
付款期								
金额								
直接成本								
毛利								

备 注：_____

_____

_____

操作流程表（第 8 年）

年初业务	支付应付税（根据上年度结果）		
	市场投入		
	挑选订单		
	加急交货		
期间业务（重复三次）	更新短期贷款		
	获得新短期贷款		
	更新其他应付款		
	更新应付款		
	更新原材料订单		
	下原料订单		
	更新生产		
	处置生产线		
	新建生产线		
	生产线调整		
	产品上线生产		
	投资产品研发		
	更新应收款		
	交货给客户		
	支付管理费用		
年末业务	支付厂房租金/出售厂房/租赁厂房/购买厂房		
	支付长期贷款/应付债券利息		
	更新长期贷款/应付债券		
	获得新长期贷款		
	支付设备维修费		
	机器设备折旧		
	营销网络建设		
	ISO认证投资		
	结账		

会计报表（第 8 年）

利润表

项目	金额	
	上年	本年
销售收入		
减：直接成本		
毛利		
减：期间费用		
折旧前利润		
减：折旧与摊销		
支付利息前利润		
加：财务收入 减：支出		
加：额外收入 减：支出		
税前利润		
减：税金		
净利润		

资产负债表

资产	金额		负债和所有者权益（或股东权益）	金额	
	上年	本年		上年	本年
流动资产：			**流动负债：**		
库存现金			短期借款		
应收账款			应付账款		
其他应收款			其他应付款		
原材料			应交税费		
在产品			流动负债合计		
产成品			**长期负债：**		
流动资产合计			长期借款		
非流动资产：			企业无抵押债券		
			长期负债合计		
土地和厂房			**负债合计**		
在建工程			**所有者权益：**		
机器设备			实收资本		
固定资产合计			留存收益		
无形资产及其他资产：			本年净利		
无形资产			**所有者权益合计**		
资产总计			**负债和所有者权益总计**		

公司名称： 总经理签名：

产能分析（根据预测）

（第 9 年）

产品	期初库存	产能																	在单量	可用量
		生产线 1			生产线 2			生产线 3			生产线 4			生产线 5			合计			
		1期	2期	3期	1期	2期	3期	1期	2期	3期	1期	2期	3期	1期	2期	3期				
P1																				
P2																				
P3																				
P4																				

市场接单记录表

产品	可用量	本地市场	国内市场	亚洲市场	欧美市场	国际市场	合计
P1							
P2							
P3							
P4							

现金预算表（第 9 年）

第　年	第 1 期	第 2 期	第 3 期
1.期初现金			
2.税金			
3.市场投入			
4.加急订单			
5.利息（短期贷款）			
6.短期贷款			
7.其他应付款			
8.应付款			
9.原材料采购			
10.处置生产线			
11.新建生产线			
12.生产线调整			
13.加工费用			
14.产品研发			
15.应收款			
16.管理费用			
17.厂房租金			
18.购买厂房			
19.利息（长期贷款&应付债券）			
20.长期贷款&企业债券			
21.设备维护费用			
22.折旧			
23.营销网络建设			
24.ISO 认证			

备注

订单记录表（第9年）

市 场								
产 品								
数 量								
付款期								
金 额								
直接成本								
毛 利								

市 场								
产 品								
数 量								
付款期								
金 额								
直接成本								
毛 利								

备 注：

操作流程表（第 9 年）

年初业务	支付应付税（根据上年度结果）		
	市场投入		
	挑选订单		
	加急交货		
期间业务（重复三次）	更新短期贷款		
	获得新短期贷款		
	更新其他应付款		
	更新应付款		
	更新原材料订单		
	下原料订单		
	更新生产		
	处置生产线		
	新建生产线		
	生产线调整		
	产品上线生产		
	投资产品研发		
	更新应收款		
	交货给客户		
	支付管理费用		
年末业务	支付厂房租金/出售厂房/租赁厂房/购买厂房		
	支付长期贷款/应付债券利息		
	更新长期贷款/应付债券		
	获得新长期贷款		
	支付设备维修费		
	机器设备折旧		
	营销网络建设		
	ISO认证投资		
	结账		

会计报表（第9年）

利润表

项目	金额	
	上年	本年
销售收入		
减：直接成本		
毛利		
减：期间费用		
折旧前利润		
减：折旧与摊销		
支付利息前利润		
加：财务收入　减：支出		
加：额外收入　减：支出		
税前利润		
减：税金		
净利润		

资产负债表

资产	金额		负债和所有者权益（或股东权益）	金额	
	上年	本年		上年	本年
流动资产：			**流动负债：**		
库存现金			短期借款		
应收账款			应付账款		
其他应收款			其他应付款		
原材料			应交税费		
在产品			流动负债合计		
产成品			**长期负债：**		
流动资产合计			长期借款		
非流动资产：			企业无抵押债券		
			长期负债合计		
土地和厂房			**负债合计**		
在建工程			**所有者权益：**		
机器设备			实收资本		
固定资产合计			留存收益		
无形资产及其他资产：			本年净利		
无形资产			**所有者权益合计**		
资产总计			**负债和所有者权益总计**		

公司名称：　　　　　　　　　　　　　　　　　　　总经理签名：

产能分析（根据预测）
（第10年）

产品	期初库存	产能																合计	在单量	可用量
		生产线1			生产线2			生产线3			生产线4			生产线5						
		1期	2期	3期	1期	2期	3期	1期	2期	3期	1期	2期	3期	1期	2期	3期			
P1																				
P2																				
P3																				
P4																				

市场接单记录表

产品	可用量	本地市场	国内市场	亚洲市场	欧美市场	国际市场	合计
P1							
P2							
P3							
P4							

现金预算表（第10年）

第　年	第1期	第2期	第3期
1.期初现金			
2.税金			
3.市场投入			
4.加急订单			
5.利息（短期贷款）			
6.短期贷款			
7.其他应付款			
8.应付款			
9.原材料采购			
10.处置生产线			
11.新建生产线			
12.生产线调整			
13.加工费用			
14.产品研发			
15.应收款			
16.管理费用			
17.厂房租金			
18.购买厂房			
19.利息（长期贷款&应付债券）			
20.长期贷款&企业债券			
21.设备维护费用			
22.折旧			
23.营销网络建设			
24.ISO认证			

备注

订单记录表（第 10 年）

市场								
产品								
数量								
付款期								
金额								
直接成本								
毛利								

市场								
产品								
数量								
付款期								
金额								
直接成本								
毛利								

备 注：

操作流程表（第 10 年）

年初业务	支付应付税（根据上年度结果）			
	市场投入			
	挑选订单			
	加急交货			
期间业务（重复三次）	更新短期贷款			
	获得新短期贷款			
	更新其他应付款			
	更新应付款			
	更新原材料订单			
	下原料订单			
	更新生产			
	处置生产线			
	新建生产线			
	生产线调整			
	产品上线生产			
	投资产品研发			
	更新应收款			
	交货给客户			
	支付管理费用			
年末业务	支付厂房租金/出售厂房/租赁厂房/购买厂房			
	支付长期贷款/应付债券利息			
	更新长期贷款/应付债券			
	获得新长期贷款			
	支付设备维修费			
	机器设备折旧			
	营销网络建设			
	ISO认证投资			
	结账			

会计报表（第 10 年）

利润表

项目	金额	
	上年	本年
销售收入		
减：直接成本		
毛利		
减：期间费用		
折旧前利润		
减：折旧与摊销		
支付利息前利润		
加：财务收入　减：支出		
加：额外收入　减：支出		
税前利润		
减：税金		
净利润		

资产负债表

资产	金额		负债和所有者权益 （或股东权益）	金额	
	上年	本年		上年	本年
流动资产：			**流动负债：**		
库存现金			短期借款		
应收账款			应付账款		
其他应收款			其他应付款		
原材料			应交税费		
在产品			流动负债合计		
产成品			**长期负债：**		
流动资产合计			长期借款		
非流动资产：			企业无抵押债券		
			长期负债合计		
土地和厂房			**负债合计**		
在建工程			**所有者权益：**		
机器设备			实收资本		
固定资产合计			留存收益		
无形资产及其他资产：			本年净利		
无形资产			**所有者权益合计**		
资产总计			**负债和所有者权益总计**		

公司名称：　　　　　　　　　　　　　　　总经理签名：

主要参考文献

［1］罗鸿. ERP原理·设计·实施［M］. 4版. 北京：电子工业出版社，2016.

［2］中国注册会计师协会. 公司战略与风险管理［M］. 北京：经济科学出版社，2016.

［3］高立法. 企业经营风险管理实务［M］. 北京：经济管理出版社，2014.

［4］刘永泽，陈立军. 中级财务会计［M］. 4版. 大连：东北财经大学出版社，2014.

［5］程国卿，吉国力. 企业资源计划（ERP）教程［M］. 2版. 北京：清华大学出版社，2013.